교재의 **특징**

술~술 풀리는 개념 문제와 연산 훈련으로
수학의 자신감을 UP하는 **수력충전** 중등 수학

• **핵심 개념만을 한눈에 알기 쉽게 정리하였습니다.**

개념을 이해하기 쉽도록 그림과 표 등을 이용하여 입체적으로 정리하였습니다. 교과서 중요 개념을 한눈에 볼 수 있어 개념 사이의 흐름을 잘 파악할 수 있고, 앞으로 학습할 내용을 준비할 수 있습니다.

• **유형 필수 문제의 반복 연산 학습으로 수학의 기본기를 다집니다.**

주제별 개념과 원리의 핵심만을 쏙 뽑아 문제풀이에 적용하기 쉽도록 설명하였습니다. 또, 단순한 계산 문제의 반복으로 수학의 흥미를 잃게 하는 것이 아니라 '빈칸 채우기', '단계별 과정 완성하기' 등의 간단한 문제로 쉽게 개념을 익힐 수 있도록 하였습니다.

• **단원 총정리 문제로 개념과 유형의 응용 학습을 완벽 마스터합니다.**

핵심 개념을 실전 문제에 적용할 수 있도록 학교 시험에 자주 출제되는 문제를 대단원별로 종합하여 수록하였습니다. 그동안 학습한 내용을 바탕으로 하는 종합 평가 문항이므로 수학 실력을 점검하고 부족한 부분을 보완한다면 수학 실력이 쑥쑥 오르게 될 것입니다.

중등 수학 100점을 위한 단계별 교재

STEP 01
수력충전

수학의 기초 실력 완성
- 쉬운 문제들로 기본 연산력 강화 및 수학 실력 향상
- 풀이 과정을 채워 가면서 스스로 수학의 연산 원리를 터득
- 단원별, 유형별로 문제를 제시하여 부족한 부분 집중 학습

[중1-1, 1-2
  중2 상 / 하
  중3 상 / 하]

STEP 02
수력충전
초·중등 수학
개념 총정리

초·중등 수학 개념을 영역별로 총정리하는 필수 개념서!
- 2015 개정 교육과정의 중등 전학년 수학 개념을 한 권으로 총정리
- 필수 개념을 이해하기 쉽게 정리하고, 고등 수학 개념과 연계성 강화
- 개념 완성 테스트 + 영역별 총정리 + 중등·고등 연결 문제로 실력 향상

[중등 수학
  개념 총정리]
[초등 수학
  개념 총정리]

STEP 03
자이스토리

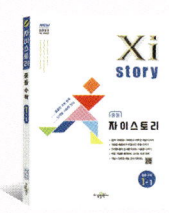

필수 유형과 서술형 문제 완벽 훈련
- 중등 수학의 모든 개념과 유형의 완벽 학습
- 친근한 대화체 풀이와 단계별 해설로 이해력 향상
- 잘 틀리는 유형의 철저한 대비를 위한 쌍둥이 문제 제시

[중1-1, 1-2
  중2 상 / 하
  중3 상 / 하]

STEP 04
일등급 수학

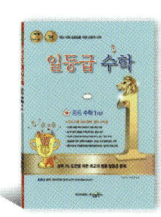

중등 수학 최고의 순수 명품 문제
- 개념과 유형을 효과적으로 적용시키는 필수 문제 수록
- 확장된 개념을 습득하여 수학적 사고력 향상
- 일등급을 위한 고난도 서술형 + 도전 문제 엄선

[중2 상 / 하
  중3 상 / 하]

수학 기본 실력 100% 충전

개념 충전 » 연산 훈련서

중등 수학 3 (하)

자이스토리·수경출판사

구성과 특징

연산 = 수학이라고는 말할 수 없지만

수학의 기초가 연산이라는 것은 누구도 부인할 수 없습니다.

유인 우주선이 지구로 귀환할 때, 지구로의 입사각을 제대로 계산하지 못하면 우주선은 지구의 대기와 충돌하면서 폭발하거나 영원한 우주미아가 되고 맙니다. 계산은 사람의 생명을 좌지우지할 만큼 중요하기도 하다는 뜻이지요.

"풀이는 다 맞았는데 계산에서 틀렸네? 너무 아까워~."

"나도 그래~. 마지막 계산에서 실수했어. ㅠㅠ"

이런 푸념을 한 번쯤은 해보았을 것입니다.

수학에서 가장 기초이지만, 사람들이 가장 많이 실수하고 놓치는 부분인 연산 능력을 향상시켜서 수학의 기본 실력을 배양하고자 수력충전은 탄생되었습니다.

⭕ 수력충전의 특징

○ 수학의 기초인 연산 능력 강화!

○ 수학의 기본기를 다지는 개념, 연산 문제의 반복 연습!

○ 개념 및 문제 풀이에 대한 이해를 돕는 단계별 문제 구성!

○ 수학의 원리를 스스로 터득하게 하여 자신감 회복!

○ 수학의 흥미를 잃은 학생에게 문제를 푸는 재미를 부여!

⭕ 수력충전의 활용법

○ 하루에 풀 양을 정하여 푼다.

○ 매일 매일 꾸준히 푼다.

○ 실전 시험처럼 푼다.

○ 반복하여 푼다.

○ 실수하지 않도록 집중해서 푼다.

수력충전은 여러분의 연산력을 극대화하기에 충분합니다. 호랑이도 조그만 토끼를 사냥할 때 온 힘을 다 쓰는 것처럼 비록 쉬운 연산이지만 열심히 푼다면 연산 때문에 낭패를 당하는 일은 없을 것이라 확신합니다. 나아가서 강력한 연산력을 바탕으로 수학 실력이 쑥쑥 오르게 될 것입니다.

○ 이 책의 구성

1 핵심 개념

한눈에 핵심이 되는 개념을 알 수 있도록 그림과 도표로 정리
하였습니다.

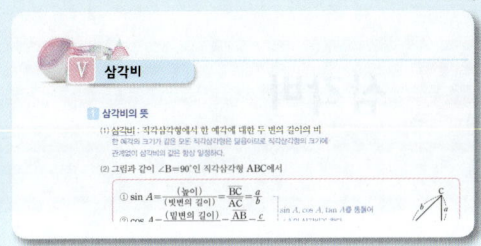

2 핵심 내용정리

반드시 알아야 하는 기본적인 개념과 원리가 설명되어 있습니다.
꼼꼼하게 읽으면서 머릿속에 정리할 수 있게 하였습니다.

[참고] 개념을 보충 설명하기

[주의] 틀리기 쉬운 개념 짚어 주기

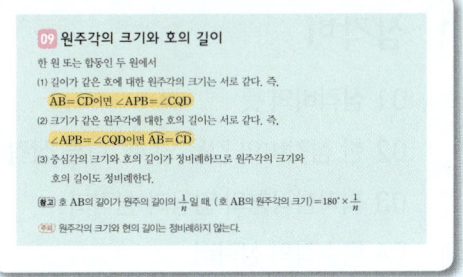

3 개념 적용 / 연산

유형별로 나누어 가장 기본적인 문제를 반복적으로 풀 수 있게
하여 개념을 확실하게 이해할 수 있도록 하였습니다. 또한, 풀
이 과정에 있는 빈칸 채우기를 통해 문제해결의 기본 원리를
터득할 수 있습니다.

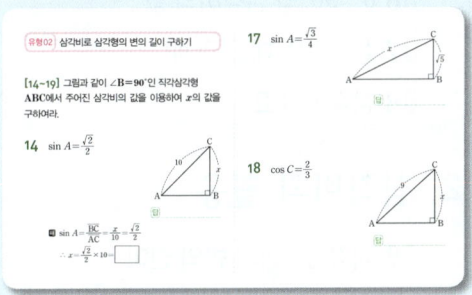

4 개념 체크 문제

각 유형별 학습의 마지막에 개념을 다시 한 번 체크 할 수 있
는 코너입니다. 잊기 쉬운 개념을 확실히 기억할 수 있게 해줍
니다.

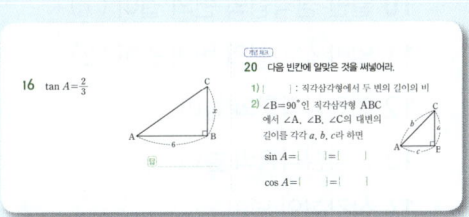

5 단원 총정리

단원에 속한 모든 개념을 총정리 할 수 있는 코너입니다. 여러
개념을 자유자재로 이용해야만 해결할 수 있는 문제로 구성되
어 있어 단원 학습을 마무리 하기에 좋은 문제들로 구성되어
있습니다.

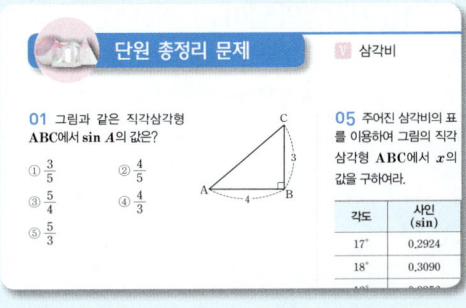

차 례

VII 통계

수력충전 학습계획표 (17일)

★ 하루하루 계획표대로 공부하다 보면 어느덧 개념이 이해되고 수학이 쉬워지게 될 것입니다.

Day	분량 (문항 번호)	페이지	틀린 문제 / 헷갈리는 문제 번호 적기	학습 날짜	복습 날짜
1	V 01~46	10~16		월 일	월 일
2	V 47~87	17~21		월 일	월 일
3	V 88~125	22~25		월 일	월 일
4	V 126~145	26~28		월 일	월 일
5	V 146~171	29~32		월 일	월 일
6	V 172~206	33~37		월 일	월 일
7	V 단원 총정리 문제	38~39		월 일	월 일
8	VI 01~52	44~50		월 일	월 일
9	VI 53~95	51~56		월 일	월 일
10	VI 96~131	57~61		월 일	월 일
11	VI 132~171	62~67		월 일	월 일
12	VI 172~210	68~73		월 일	월 일
13	VI 단원 총정리 문제	74~75		월 일	월 일
14	VII 01~45	80~85		월 일	월 일
15	VII 46~93	86~93		월 일	월 일
16	VII 94~121	94~97		월 일	월 일
17	VII 단원 총정리 문제	98~99		월 일	월 일

V 삼각비

V 삼각비

1 삼각비의 뜻

(1) 삼각비 : 직각삼각형에서 한 예각에 대한 두 변의 길이의 비

한 예각의 크기가 같은 모든 직각삼각형은 닮음이므로 직각삼각형의 크기에
관계없이 삼각비의 값은 항상 일정하다.

(2) 그림과 같이 ∠B=90°인 직각삼각형 ABC에서

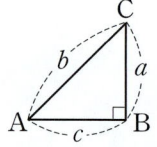

① $\sin A = \dfrac{(\text{높이})}{(\text{빗변의 길이})} = \dfrac{\overline{BC}}{\overline{AC}} = \dfrac{a}{b}$

② $\cos A = \dfrac{(\text{밑변의 길이})}{(\text{빗변의 길이})} = \dfrac{\overline{AB}}{\overline{AC}} = \dfrac{c}{b}$

③ $\tan A = \dfrac{(\text{높이})}{(\text{밑변의 길이})} = \dfrac{\overline{BC}}{\overline{AB}} = \dfrac{a}{c}$

$\sin A$, $\cos A$, $\tan A$를 통틀어 ∠A의 삼각비라 한다.

④ 그림에서 ∠C에 대한 삼각비는

$\sin C = \dfrac{c}{b}$, $\cos C = \dfrac{a}{b}$, $\tan C = \dfrac{c}{a}$

2 특수각의 삼각비

삼각비 \ A	0°	30°	45°	60°	90°
$\sin A$	0	$\dfrac{1}{2}$	$\dfrac{\sqrt{2}}{2}$	$\dfrac{\sqrt{3}}{2}$	1
$\cos A$	1	$\dfrac{\sqrt{3}}{2}$	$\dfrac{\sqrt{2}}{2}$	$\dfrac{1}{2}$	0
$\tan A$	0	$\dfrac{\sqrt{3}}{3}$	1	$\sqrt{3}$	정할 수 없다.

3 사분원을 이용한 삼각비의 값

반지름의 길이가 1인 사분원에서 임의의 예각 x에 대하여

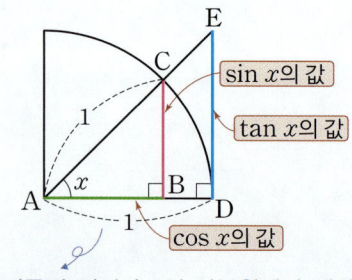

(1) $\sin A = \dfrac{(\text{높이})}{(\text{빗변의 길이})} = \dfrac{\overline{BC}}{\overline{AC}} = \dfrac{\overline{BC}}{1} = \overline{BC}$

(2) $\cos A = \dfrac{(\text{밑변의 길이})}{(\text{빗변의 길이})} = \dfrac{\overline{AB}}{\overline{AC}} = \dfrac{\overline{AB}}{1} = \overline{AB}$

(3) $\tan A = \dfrac{(\text{높이})}{(\text{밑변의 길이})} = \dfrac{\overline{DE}}{\overline{AD}} = \dfrac{\overline{DE}}{1} = \overline{DE}$

반지름의 길이가 1인 사분원에서 예각에 대한 삼각비의 값은 분모인 변의 길이가 1인 직각삼각형을 찾아서 구한다.

4 삼각비의 표를 이용한 삼각비의 값

구하려는 각도의 가로줄과 삼각비의 세로줄이 만나는 곳의 수를 읽는다. 예를 들어, $\cos 23°$의 값은 삼각비의 표에서 $23°$의 가로줄과 $\cos$의 세로줄이 만나는 곳의 수를 읽으면 0.9205이다.

0°에서 90°까지 1° 단위로 삼각비를 소수점 아래 다섯째 자리에서 반올림하여 소수점 아래 넷째 자리까지의 값을 나타낸 표

각도	사인($\sin$)	코사인($\cos$)	탄젠트($\tan$)
⋮	⋮	⋮	⋮
$22°$	0.3746	0.9272	0.4040
$23°$	0.3907	0.9205	0.4245
⋮	⋮	⋮	⋮

5 직각삼각형의 변의 길이

그림과 같이 $\angle B = 90°$인 직각삼각형 ABC에서

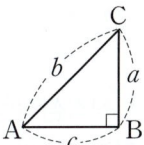

(1) $\angle A$의 크기와 빗변의 길이 b를 알 때, $a = b\sin A$, $c = b\cos A$

(2) $\angle A$의 크기와 밑변의 길이 c를 알 때, $a = c\tan A$, $b = \dfrac{c}{\cos A}$

(3) $\angle A$의 크기와 높이 a를 알 때, $b = \dfrac{a}{\sin A}$, $c = \dfrac{a}{\tan A}$

6 삼각형의 넓이

삼각형 ABC에서 두 변의 길이 a, c와 그 끼인각 $\angle B$의 크기를 알 때,

(1) $\angle B$가 예각이면 $\triangle ABC = \dfrac{1}{2}ac\sin B$

직각삼각형 ABH에서
$h = c\sin B$

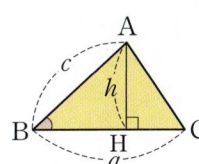

(2) $\angle B$가 둔각이면 $\triangle ABC = \dfrac{1}{2}ac\sin(180° - B)$

직각삼각형 AHB에서
$h = c\sin(180° - B)$

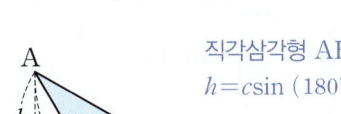

7 사각형의 넓이

(1) 평행사변형 넓이

평행사변형 ABCD의 이웃하는 두 변의 길이가 a, b이고, 그 끼인각의 크기가 x일 때, $\square ABCD = ab\sin x$ (단, $0° < x \leq 90°$)

$90° < x < 180°$이면
$\square ABCD = ab\sin(180° - x)$

(2) 사각형의 넓이

사각형 ABCD의 두 대각선의 길이가 a, b이고 두 대각선이 이루는 각의 크기가 x일 때, $\square ABCD = \dfrac{1}{2}ab\sin x$ (단, $0° < x \leq 90°$)

$90° < x < 180°$이면
$\square ABCD = \dfrac{1}{2}ab\sin(180° - x)$

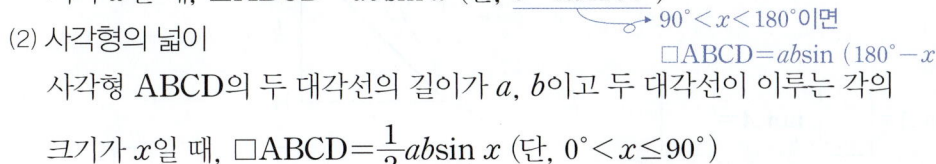
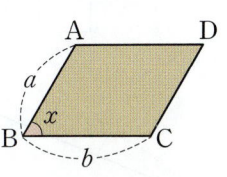
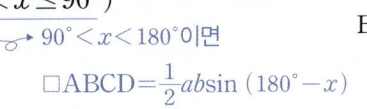

V –1 삼각비

01 삼각비의 뜻

(1) **삼각비** : 직각삼각형에서 두 변의 길이의 비

(2) **∠A의 삼각비** : ∠B＝90°인 직각삼각형 ABC에서 ∠A, ∠B, ∠C의 대변의 길이를 각각 a, b, c라 하면

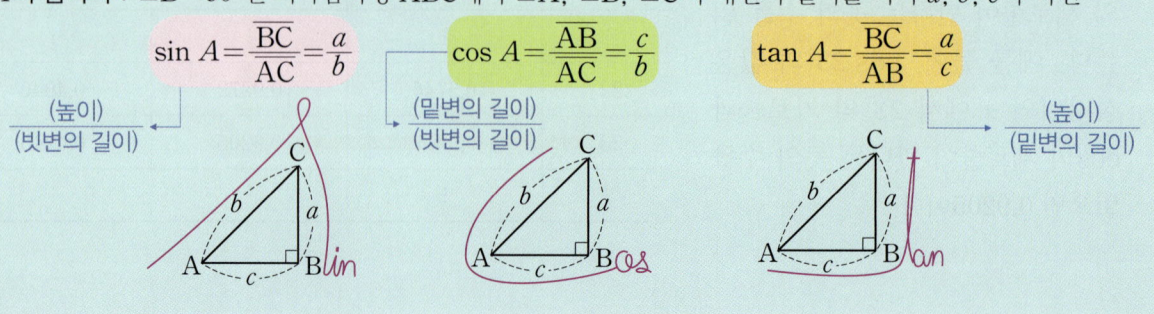

$$\sin A = \frac{\overline{BC}}{\overline{AC}} = \frac{a}{b}$$ $$\cos A = \frac{\overline{AB}}{\overline{AC}} = \frac{c}{b}$$ $$\tan A = \frac{\overline{BC}}{\overline{AB}} = \frac{a}{c}$$

$\dfrac{(높이)}{(빗변의 길이)}$ $\dfrac{(밑변의 길이)}{(빗변의 길이)}$ $\dfrac{(높이)}{(밑변의 길이)}$

유형01 삼각비의 값 구하기

[01~05] 그림과 같은 직각삼각형 ABC에서 $\sin A$, $\cos A$, $\tan A$의 값을 각각 구하여라.

01

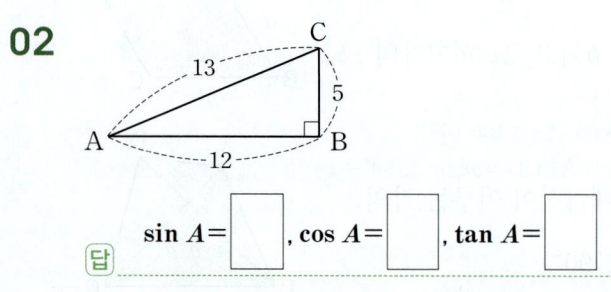

$\sin A = \boxed{}$, $\cos A = \boxed{}$, $\tan A = \boxed{}$
(답)

해 $\sin A = \dfrac{\boxed{}}{\overline{AC}} = \boxed{}$, $\cos A = \dfrac{\overline{AB}}{\boxed{}} = \boxed{}$

$\tan A = \dfrac{\overline{BC}}{\boxed{}} = \boxed{}$

02

$\sin A = \boxed{}$, $\cos A = \boxed{}$, $\tan A = \boxed{}$
(답)

03

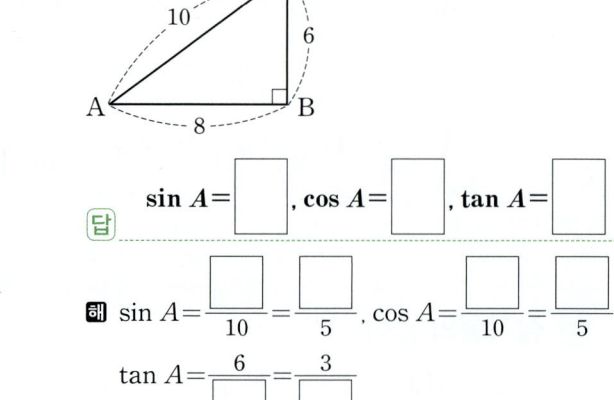

$\sin A = \boxed{}$, $\cos A = \boxed{}$, $\tan A = \boxed{}$
(답)

해 $\sin A = \dfrac{\boxed{}}{10} = \dfrac{\boxed{}}{5}$, $\cos A = \dfrac{\boxed{}}{10} = \dfrac{\boxed{}}{5}$

$\tan A = \dfrac{6}{\boxed{}} = \dfrac{3}{\boxed{}}$

04

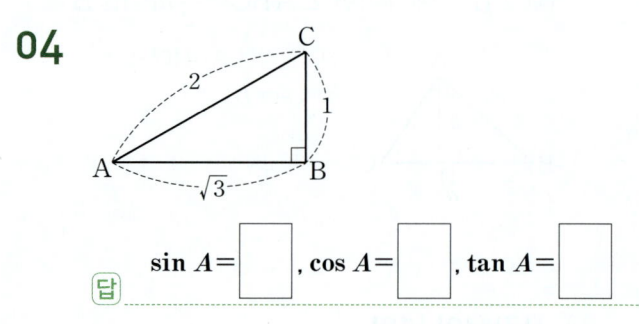

$\sin A = \boxed{}$, $\cos A = \boxed{}$, $\tan A = \boxed{}$
(답)

05

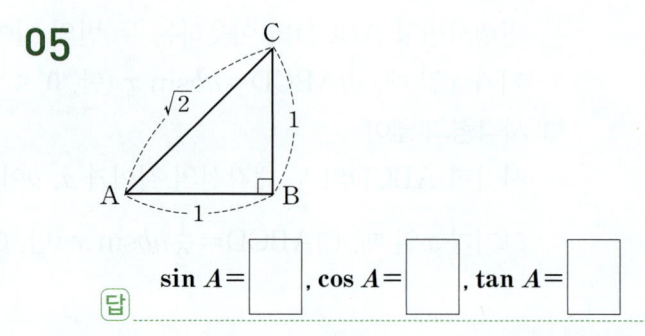

$\sin A = \boxed{}$, $\cos A = \boxed{}$, $\tan A = \boxed{}$
(답)

[06~13] 그림과 같은 직각삼각형 ABC에서 sin C, cos C, tan C의 값을 각각 구하여라.

06

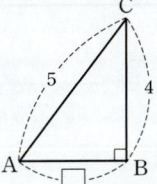

답 sin C = □, cos C = □, tan C = □

해 $\overline{AB} = \sqrt{\overline{AC}^2 - \overline{BC}^2} = \sqrt{5^2 - □^2} = □$ 이므로

$\sin C = \dfrac{\overline{AB}}{\overline{AC}} = $ □, $\cos C = \dfrac{\overline{BC}}{\overline{AC}} = $ □

$\tan C = \dfrac{\overline{AB}}{\overline{BC}} = $ □

07

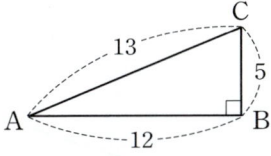

답 sin C = □, cos C = □, tan C = □

08

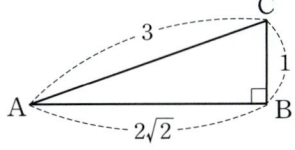

답 sin C = □, cos C = □, tan C = □

09

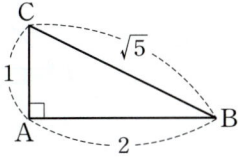

답 sin C = □, cos C = □, tan C = □

10

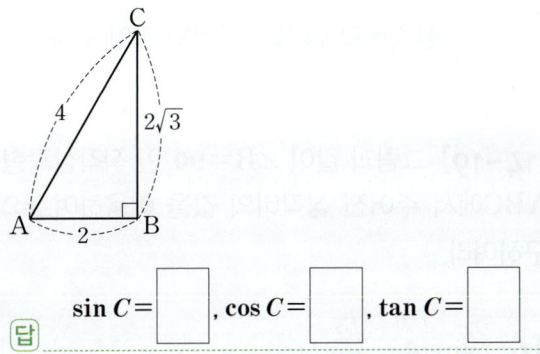

답 sin C = □, cos C = □, tan C = □

11

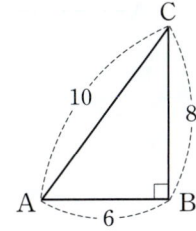

답 sin C = □, cos C = □, tan C = □

12

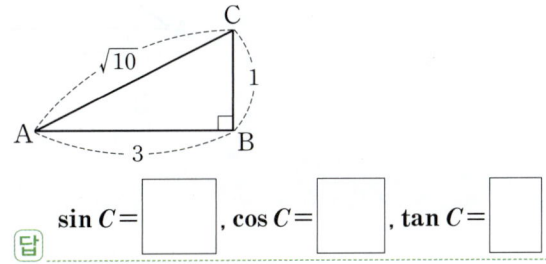

답 sin C = □, cos C = □, tan C = □

13

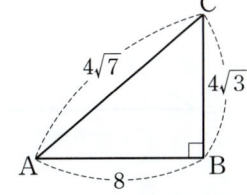

답 sin C = □, cos C = □, tan C = □

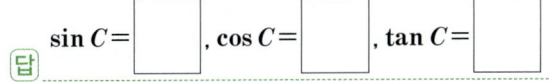

유형02 삼각비로 삼각형의 변의 길이 구하기

[14~19] 그림과 같이 ∠B=90°인 직각삼각형 ABC에서 주어진 삼각비의 값을 이용하여 x의 값을 구하여라.

14 $\sin A = \dfrac{\sqrt{2}}{2}$

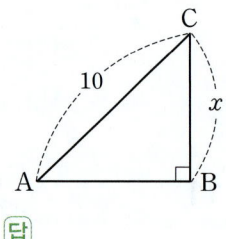

답 _____

해 $\sin A = \dfrac{\overline{\mathrm{BC}}}{\overline{\mathrm{AC}}} = \dfrac{x}{10} = \dfrac{\sqrt{2}}{2}$

$\therefore x = \dfrac{\sqrt{2}}{2} \times 10 = \boxed{}$

15 $\cos A = \dfrac{3}{5}$

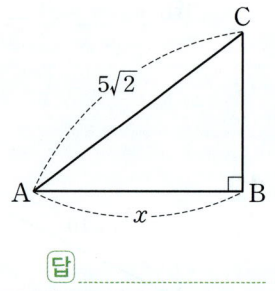

답 _____

16 $\tan A = \dfrac{2}{3}$

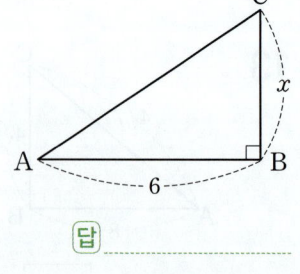

답 _____

17 $\sin A = \dfrac{\sqrt{3}}{4}$

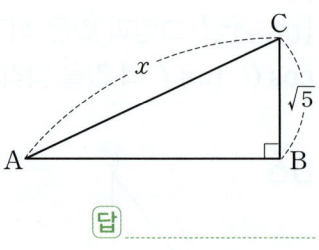

답 _____

18 $\cos C = \dfrac{2}{3}$

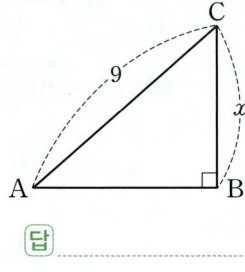

답 _____

19 $\tan C = 3$

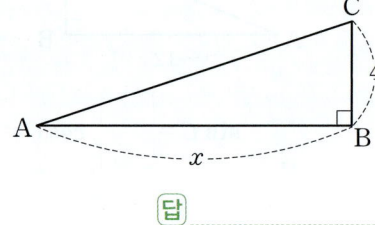

답 _____

개념 체크

20 다음 빈칸에 알맞은 것을 써넣어라.

1) [   ] : 직각삼각형에서 두 변의 길이의 비

2) ∠B=90°인 직각삼각형 ABC 에서 ∠A, ∠B, ∠C의 대변의 길이를 각각 a, b, c라 하면

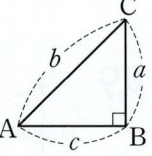

$\sin A = [\quad] = [\quad]$

$\cos A = [\quad] = [\quad]$

$\tan A = [\quad] = [\quad]$

02 한 삼각비의 값을 알 때, 다른 삼각비의 값

사인, 코사인, 탄젠트 중 하나의 값을 알 때, 다른 삼각비의 값은 다음과 같은 순서로 구한다.
(ⅰ) 주어진 삼각비의 값을 갖는 직각삼각형을 그린다.
(ⅱ) 피타고라스 정리를 이용하여 나머지 변의 길이를 구한다.
(ⅲ) 다른 두 삼각비의 값을 구한다.

> 주어진 삼각비의 값을 갖는 직각삼각형 그리기
> ↓
> 피타고라스 정리를 이용하여 나머지 변의 길이 구하기
> ↓
> 다른 두 삼각비의 값 구하기

유형03 한 삼각비의 값을 알 때, 다른 삼각비의 값

[21~24] ∠B＝90°인 직각삼각형 ABC에서 다음 삼각비의 값을 각각 구하여라.

21 $\sin A = \dfrac{4}{5}$일 때, $\cos A$, $\tan A$의 값

답 $\cos A = \boxed{}$, $\tan A = \boxed{}$

해 $\sin A = \dfrac{4}{5}$이므로 $\overline{AC}=5$, $\overline{BC}=4$
인 직각삼각형 ABC를 생각하면
$\overline{AB}=\sqrt{5^2-4^2}=\boxed{}$ 이다.
즉, 이 직각삼각형 ABC에서

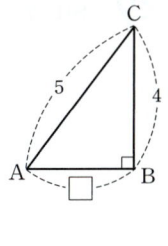

$\cos A = \dfrac{\overline{AB}}{\overline{AC}} = \boxed{}$

$\tan A = \dfrac{\overline{BC}}{\overline{AB}} = \boxed{}$

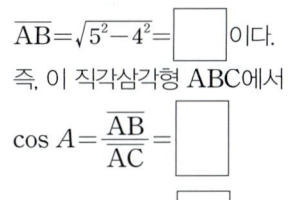

22 $\cos A = \dfrac{2}{3}$일 때, $\sin A$, $\tan A$의 값

답 $\sin A = \boxed{}$, $\tan A = \boxed{}$

23 $\tan A = \dfrac{5}{12}$일 때, $\sin A$, $\cos A$의 값

답 $\sin A = \boxed{}$, $\cos A = \boxed{}$

24 $\tan C = 2$일 때, $\sin C$, $\cos C$의 값

답 $\sin C = \boxed{}$, $\cos C = \boxed{}$

개념 체크

25 다음 빈칸에 알맞은 것을 써넣어라.

사인, 코사인, 탄젠트 중 하나의 값을 알 때, 다른 삼각비의 값은 다음과 같은 순서로 구한다.

(ⅰ) 주어진 삼각비의 값을 갖는 [　　　　]을 그린다.

(ⅱ) [　　　　] 정리를 이용하여 나머지 변의 길이를 구한다.

(ⅲ) 다른 두 삼각비의 값을 구한다.

03 직각삼각형의 닮음과 삼각비

직각삼각형의 닮음을 이용하여 삼각비의 값을 구할 때는
다음과 같은 순서로 구한다.

(i) 서로 닮음인 직각삼각형을 찾는다.

(ii) 크기가 같은 대응각을 찾는다.

(iii) 삼각비의 값을 구한다.

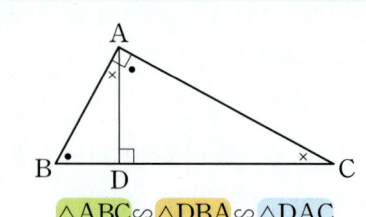

△ABC∽△DBA∽△DAC

➡ 각 직각삼각형에서 크기가 같은 각에 대한
삼각비의 값은 모두 같다.

유형04 직각삼각형의 닮음과 삼각비의 값

[26~31] 그림과 같이 ∠A＝90°인 직각삼각형
ABC에서 $\overline{AD} \perp \overline{BC}$일 때, 다음 삼각비의 값을 구하
여라.

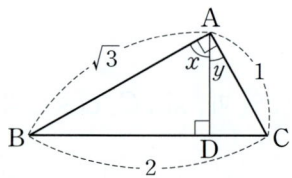

26 $\sin x$

답 _____

해 △ABC∽△ □ 이므로 ∠x=∠ □

∴ $\sin x = \sin$ □ ＝ □

27 $\cos x$

답 _____

28 $\tan x$

답 _____

29 $\sin y$

답 _____

30 $\cos y$

답 _____

31 $\tan y$

답 _____

[32~36] 그림과 같이 ∠A=90°인 직각삼각형 ABC에서 $\overline{\text{AD}} \perp \overline{\text{BC}}$일 때, 다음을 구하여라.

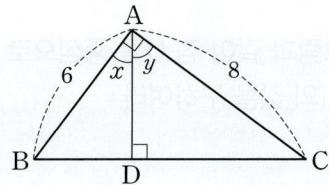

32 선분 BC의 길이

답 _____

33 $\sin x$의 값

답 _____

34 $\cos x$의 값

답 _____

35 $\sin y$의 값

답 _____

36 $\cos y$의 값

답 _____

[37~40] 그림과 같은 직각삼각형 ABC에서 $\overline{\text{DE}} \perp \overline{\text{BC}}$일 때, $\sin x$의 값을 구하여라.

37

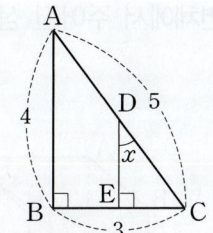

답 _____

해 △ABC∽△ ▢ 이므로 ∠x=∠ ▢

∴ $\sin x = \sin$ ▢ $=$ ▢

38

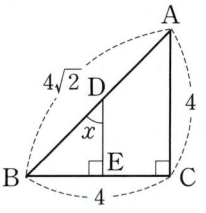

답 _____

39

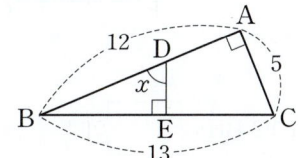

답 _____

40

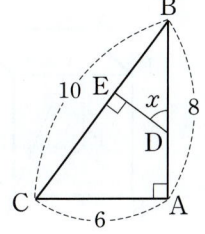

답 _____

유형05 입체도형에서의 삼각비

유형06 원에서의 삼각비

[41~43] 그림과 같은 정육면체에서 주어진 삼각비의 값을 구하여라.

[44~45] 그림과 같이 점 O를 중심으로 하는 원에서 주어진 삼각비의 값을 구하여라.

41 $\tan x$

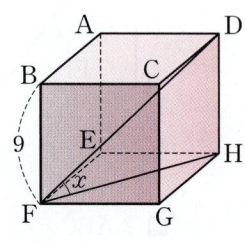

답 _____

해 $\overline{FH}=$ □ 이고, 삼각형 DFH는 ∠□=90°인 직각삼각형이므로

$$\tan x=\dfrac{\overline{DH}}{\overline{FH}}=\dfrac{9}{\boxed{}}=\boxed{}$$

42 $\sin x$

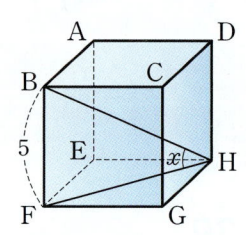

답 _____

해 $\overline{FH}=$ □ 이므로 $\overline{BH}=$ □ 이다.

삼각형 BFH는 ∠□=90°인 직각삼각형이므로

$$\sin x=\dfrac{\overline{BF}}{\overline{BH}}=\dfrac{5}{\boxed{}}=\boxed{}$$

43 $\cos x$

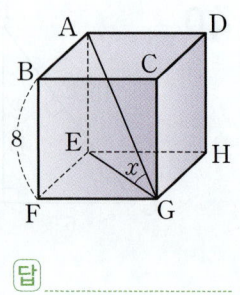

답 _____

44 $\sin A$

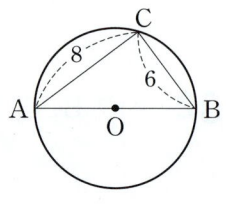

답 _____

해 삼각형 ABC에서 ∠A=x, ∠B=y라 하면 두 삼각형 AOC, OBC는 각각 이등변 삼각형이므로

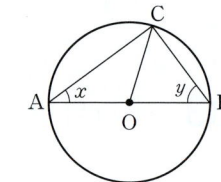

∠OCA=□ ,

∠OCB=□ 이다.

이때, 삼각형의 세 내각의 크기의 합은 180°이므로

∠A+∠B+∠C=$x+y+($□$)=180°$에서

$x+y=90°$

즉, 삼각형 ABC는 ∠C=90°인 직각삼각형이고,

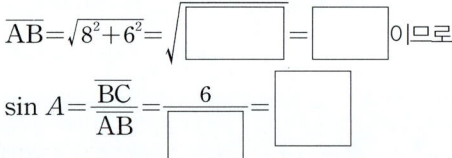

$\overline{AB}=\sqrt{8^2+6^2}=\sqrt{\boxed{}}=\boxed{}$ 이므로

$$\sin A=\dfrac{\overline{BC}}{\overline{AB}}=\dfrac{6}{\boxed{}}=\boxed{}$$

45 $\tan A$

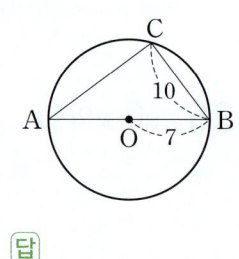

답 _____

개념 체크

46 다음 빈칸에 알맞은 것을 써넣어라.

직각삼각형의 닮음을 이용하여 삼각비의 값을 구할 때는 다음과 같은 순서로 구한다.

(ⅰ) 서로 [ ]인 직각삼각형을 찾는다.

(ⅱ) 크기가 같은 [ ]을 찾는다.

(ⅲ) [ ]의 값을 구한다.

04 특수각의 삼각비

A 삼각비	30°	45°	60°	
sin A	$\dfrac{1}{2}$	$\dfrac{\sqrt{2}}{2}$	$\dfrac{\sqrt{3}}{2}$	→ 각의 크기가 커질수록 증가
cos A	$\dfrac{\sqrt{3}}{2}$	$\dfrac{\sqrt{2}}{2}$	$\dfrac{1}{2}$	→ 각의 크기가 커질수록 감소
tan A	$\dfrac{\sqrt{3}}{3}$	1	$\sqrt{3}$	

참고 직각삼각형의 한 예각의 크기가 30° 또는 45° 또는 60°일 때, 한 변의 길이가
주어지면 위의 표의 삼각비의 값을 이용하여 나머지 두 변의 길이를 구할 수 있다.

유형07 특수각의 삼각비를 이용한 계산

[47~53] 다음을 계산하여라.

47 $\sin 45° + \cos 45°$

답 _____

해 (주어진 식) $= \boxed{} + \dfrac{\sqrt{2}}{2} = \boxed{}$

48 $\sin 30° + \cos 30°$

답 _____

49 $\sin 30° + \cos 60°$

답 _____

50 $\tan 45° - \sin 30°$

답 _____

51 $\sin 45° \times \cos 60°$

답 _____

52 $\tan 30° \times \sin 60°$

답 _____

53 $\sin 45° \times \cos 45°$

답 _____

[54~59] $0° < A < 90°$일 때, 다음 삼각비의 값을 만족시키는 A의 크기를 구하여라.

54 $\sin A = \dfrac{\sqrt{3}}{2}$

답 _____

55 $\sin A = \dfrac{\sqrt{2}}{2}$

답 _____

56 $\cos A = \dfrac{1}{2}$

답 _____

57 $\cos A = \dfrac{\sqrt{2}}{2}$

답 _____

58 $\tan A = \dfrac{\sqrt{3}}{3}$

답 _____

59 $\tan A = 1$

답 _____

[60~63] 그림과 같은 직각삼각형 ABC에서 삼각비의 값을 이용하여 x의 값을 구하여라.

60

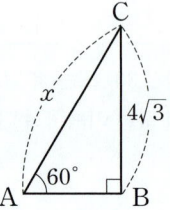

답 _____

해 $\sin 60° = \dfrac{\sqrt{3}}{2}$이므로 $\dfrac{\boxed{}}{x} = \dfrac{\sqrt{3}}{2}$

$\therefore x = \boxed{} \times \dfrac{2}{\sqrt{3}} = \boxed{}$

61

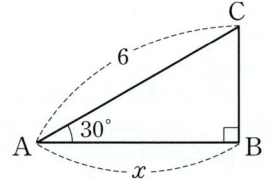

답 _____

62

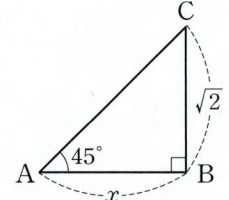

답 _____

63

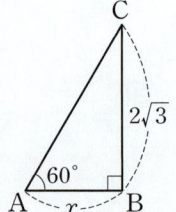

답 _____

[64~69] 그림과 같은 도형에서 삼각비의 값을 이용하여 x의 값을 구하여라.

64

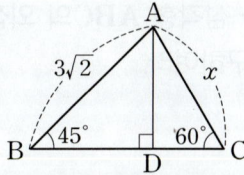

답 _____

해 직각삼각형 ABD에서 $\sin B = \sin 45° = \dfrac{\sqrt{2}}{2}$이므로

$$\frac{\overline{\text{AD}}}{3\sqrt{2}} = \frac{\sqrt{2}}{2} \qquad \therefore \overline{\text{AD}} = \boxed{}$$

직각삼각형 ADC에서 $\sin C = \sin 60° = \dfrac{\sqrt{3}}{2}$이므로

$$\frac{\boxed{}}{x} = \frac{\sqrt{3}}{2} \qquad \therefore x = \boxed{}$$

65

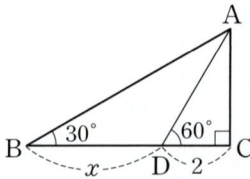

답 _____

66

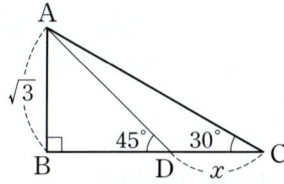

답 _____

67

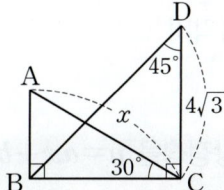

답 _____

68

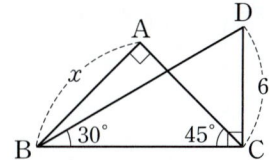

답 _____

69

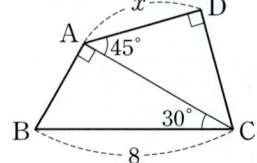

답 _____

유형10	직선의 기울기와 삼각비

[70~73] 그림의 직선의 방정식을 $y=ax+b$ 꼴로 나타내어라.

70

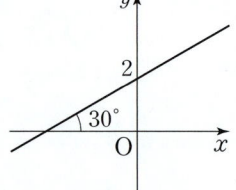

답 _____

해 (기울기)$=\tan 30°=$ ☐

    (y절편)$=2$ $\therefore y=$ ☐ $x+$ ☐

71

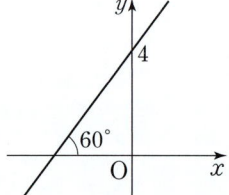

답 _____

72

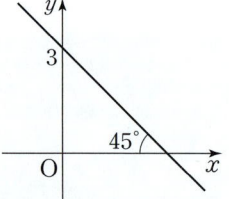

답 _____

해 (기울기)<0이므로

    (기울기)$=-\tan 45°=$ ☐

    (y절편)$=3$ $\therefore y=$ ☐ $+3$

73

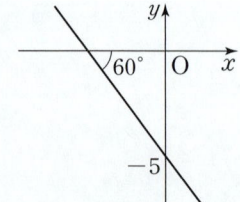

답 _____

유형11	특수각의 삼각비와 원

[74~76] 그림의 원 O가 삼각형 $\mathbf{ABC}$의 외접원일 때, 원 O의 지름의 길이를 구하여라.

74

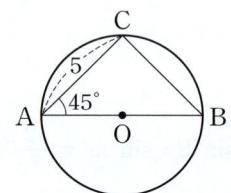

답 _____

해 $\cos 45°=\dfrac{\sqrt{2}}{2}=\dfrac{☐}{\overline{AB}}$ $(\because \angle C=90°)$

    $\therefore \overline{AB}=$ ☐

75

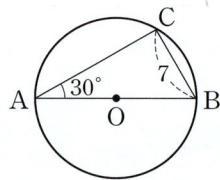

답 _____

76

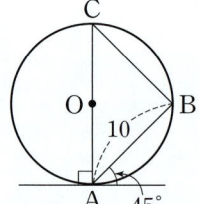

답 _____

개념 체크

77 다음 빈칸에 알맞은 것을 써넣어라.

삼각비 A	30°	45°	60°
$\sin A$			
$\cos A$			
$\tan A$			

05 사분원을 이용한 삼각비의 값

반지름의 길이가 1인 사분원에서 임의의 예각의 크기를 x라 하면
$0° < x < 90°$

$\sin x = \dfrac{\overline{AB}}{\overline{OA}} = \dfrac{\overline{AB}}{1} = \overline{AB}$

$\cos x = \dfrac{\overline{OB}}{\overline{OA}} = \dfrac{\overline{OB}}{1} = \overline{OB}$

$\tan x = \dfrac{\overline{CD}}{\overline{OD}} = \dfrac{\overline{CD}}{1} = \overline{CD}$

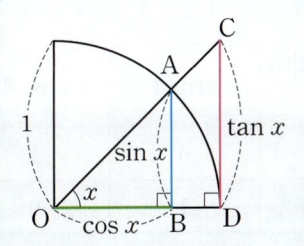

참고 반지름의 길이가 1인 사분원에서 예각의 삼각비의 값은 분모인 변의
길이가 1인 직각삼각형을 찾아서 구한다.

유형12 사분원을 이용한 삼각비의 값 구하기

[78~82] 그림과 같이 반지름의 길이가 1인 사분원에서 다음 중 옳은 것에는 ○표, 옳지 않은 것에는 ×표를 하여라.

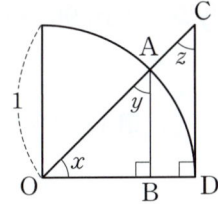

78 $\tan x = \overline{CD}$

답 ....

해 $\tan x = \dfrac{\boxed{}}{\overline{OD}} = \boxed{}$

79 $\sin y = \overline{OD}$

답 ....

80 $\cos y = \overline{AB}$

답 ....

81 $\sin z = \overline{OD}$

답 ....

해 $\overline{AB} /\!/ \boxed{}$ 이므로 $z = \boxed{}$

$\therefore \sin z = \sin \boxed{} = \boxed{}$

82 $\cos z = \overline{AB}$

답 ....

[83~86] 그림과 같이 좌표평면 위의 원점 O를 중심으로 하고 반지름의 길이가 1인 사분원에서 다음 삼각비의 값을 구하여라.

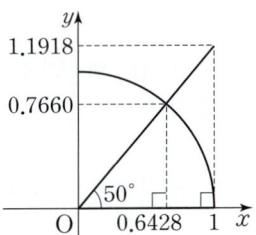

83 $\sin 50°$

답 ....

84 $\cos 50°$

답 ....

85 $\tan 50°$

답 ....

86 $\sin 40°$

답 ....

개념 체크

87 다음 빈칸에 알맞은 것을 써넣어라.

반지름의 길이가 1인 사분원에서 임의의 예각의 크기를 x라 하면

$\sin x = \dfrac{\overline{AB}}{\overline{OA}} = [\quad]$

$\cos x = \dfrac{\overline{OB}}{\overline{OA}} = [\quad]$

$\tan x = \dfrac{\overline{CD}}{\overline{OD}} = [\quad]$

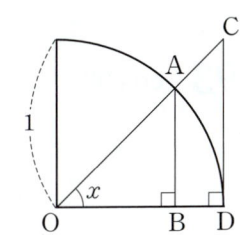

06 0°, 90°의 삼각비의 값

0°, 90°의 삼각비의 값은 다음과 같다.

A \ 삼각비	$\sin A$	$\cos A$	$\tan A$
0°	0	1	0
90°	1	0	정할 수 없다.

참고 $a \times \sin x$는 $a\sin x$로 나타내고, $(\sin x)^2$은 $\sin^2 x$로 나타낸다.
cos, tan도 마찬가지 방법으로 나타낸다.

예 $3 \times \sin 45° = 3\sin 45°$, $(\tan 60°)^2 = \tan^2 60°$

유형13 0°, 90°의 삼각비의 값

[88~93] 다음 삼각비의 값을 구하여라.

88 $\sin 90°$

답 _____

89 $\cos 0°$

답 _____

90 $\tan 90°$

답 _____

91 $\sin 0°$

답 _____

92 $\tan 0°$

답 _____

93 $\cos 90°$

답 _____

[94~97] 다음을 계산하여라.

94 $2\sin 90° - \cos 0°$

답 _____

해 (주어진 식) $= 2 \times \boxed{} - \boxed{} = \boxed{}$

95 $\sin 0° \times \cos 0° - 2 \times \tan 45°$

답 _____

96 $4 \times \tan 60° \times \sin 60° - \dfrac{3}{\cos 60°}$

답 _____

97 $\sin^2 60° + \cos^2 60°$

답 _____

개념 체크

98 다음 빈칸에 알맞은 것을 써넣어라.

A \ 삼각비	$\sin A$	$\cos A$	$\tan A$
0°			
90°			

07 삼각비의 대소 관계

$0°\leq x\leq90°$인 범위에서 x의 값이 증가하면

$\sin x$의 값은 <mark>0에서 1까지 증가</mark>, 즉 $0\leq\sin x\leq1$

$\cos x$의 값은 <mark>1에서 0까지 감소</mark>, 즉 $0\leq\cos x\leq1$

$\tan x$의 값은 <mark>0에서 무한히 증가</mark>, 즉 $\tan x\geq0$

참고 $0°\leq x<45°$일 때, $\sin x<\cos x$

　　 $x=45°$일 때, $\sin x=\cos x<\tan x$

　　 $45°<x<90°$일 때, $\cos x<\sin x<\tan x$

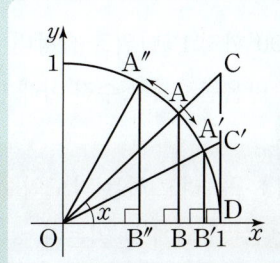

유형14　삼각비의 값의 대소 관계

[99~103] 다음 ○ 안에 부등호 > 또는 <를 알맞게 써넣어라.

99　$\sin 30°$ ◯ $\sin 60°$

답　_____

해 $\sin 30°=$ ☐ ◯ $\sin 60°=$ ☐

100　$\cos 30°$ ◯ $\cos 60°$

답　_____

101　$\tan 30°$ ◯ $\tan 60°$

답　_____

102　$\cos 45°$ ◯ $\cos 90°$

답　_____

103　$\sin 0°$ ◯ $\sin 90°$

답　_____

[104~106] 다음 ○ 안에 부등호 > 또는 <를 알맞게 써넣어라.

104　$\sin 34°$ ◯ $\cos 34°$

답　_____

해 $\sin 34°$ ◯ $\sin 45°=\dfrac{\sqrt{2}}{2}$이고,

　$\cos 34°$ ◯ $\cos 45°=\dfrac{\sqrt{2}}{2}$이므로

　$\sin 34°$ ◯ $\cos 34°$

105　$\sin 0°$ ◯ $\cos 0°$

답　_____

106　$\tan 61°$ ◯ $\sin 80°$

답　_____

개념 체크

107 다음 빈칸에 알맞은 것을 써넣어라.

$0°\leq x\leq90°$인 범위에서 x의 값이 증가하면

$\sin x$의 값은 [　　]에서 [　　]까지 증가,

즉 [　　]$\leq\sin x\leq$[　　]

$\cos x$의 값은 [　　]에서 [　　]까지 감소,

즉 [　　]$\leq\cos x\leq$[　　]

$\tan x$의 값은 [　　]에서 [　　] 증가,

즉 $\tan x\geq$[　　]

08 삼각비의 표

(1) **삼각비의 표** : 0°에서 90°까지 1° 단위로 삼각비를 소수점 아래 다섯째 자리에서 반올림하여 소수점 아래 넷째 자리까지의 값을 나타낸 표

(2) **삼각비의 표 읽는 방법** : 구하려고 하는 각도의 가로줄과 삼각비의 세로줄이 만나는 곳의 수를 읽는다.

예 sin 10°=0.1736, cos 11°=0.9816, tan 12°=0.2126

각도	사인(sin)	코사인(cos)	탄젠트(tan)
⋮	⋮	⋮	⋮
10°	0.1736	0.9848	0.1763
11°	0.1908	0.9816	0.1944
12°	0.2079	0.9781	0.2126
⋮	⋮	⋮	⋮

유형15 삼각비의 표를 이용하여 삼각비의 값 구하기

[108~113] 다음 삼각비의 표를 이용하여 삼각비의 값을 구하여라.

각도	사인(sin)	코사인(cos)	탄젠트(tan)
32°	0.5299	0.8480	0.6249
33°	0.5446	0.8387	0.6494
34°	0.5592	0.8290	0.6745
35°	0.5736	0.8192	0.7002
36°	0.5878	0.8090	0.7265
37°	0.6018	0.7986	0.7536

108 sin 34°

답 _____

109 sin 37°

답 _____

110 cos 36°

답 _____

111 cos 32°

답 _____

112 tan 35°

답 _____

113 tan 33°

답 _____

유형16 삼각비의 표를 이용하여 각의 크기 구하기

[114~118] 삼각비의 표를 이용하여 다음 삼각비를 만족시키는 x의 크기를 구하여라.

각도	사인(sin)	코사인(cos)	탄젠트(tan)
50°	0.7660	0.6428	1.1918
51°	0.7771	0.6293	1.2349
52°	0.7880	0.6157	1.2799
53°	0.7986	0.6018	1.3270
54°	0.8090	0.5878	1.3764
55°	0.8192	0.5736	1.4281

114 cos x=0.5736

답 _____

115 tan x=1.3270

답 _____

116 sin x=0.7660

답 _____

117 tan x=1.2349

답 _____

118 3sin x=2.4270

답 _____

해 sin $x=\dfrac{2.4270}{3}=0.8090$이므로 $x=$ ☐

유형17 삼각비의 표를 이용하여 변의 길이 구하기

[119~122] 다음 삼각비의 표를 이용하여 그림의 직각삼각형 ABC에서 x의 값을 구하여라.

각도	사인(sin)	코사인(cos)	탄젠트(tan)
25°	0.4226	0.9063	0.4663
26°	0.4384	0.8988	0.4877
27°	0.4540	0.8910	0.5095
28°	0.4695	0.8829	0.5317
29°	0.4848	0.8746	0.5543

119

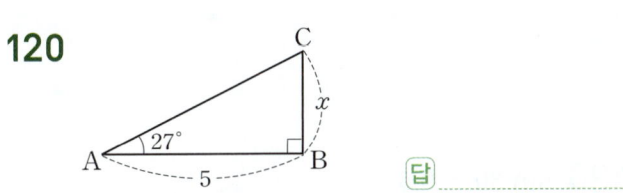

답 _____

해 $\cos 25° = \dfrac{x}{100} = $ □

∴ $x = $ □

120

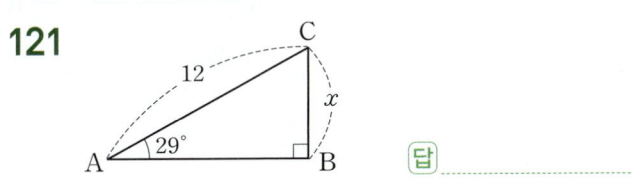

답 _____

121

답 _____

122

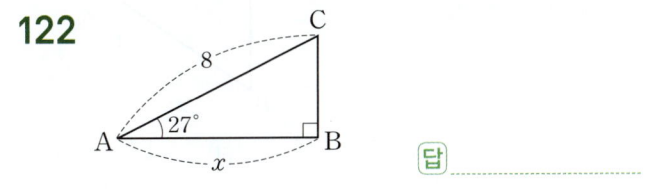

답 _____

[123~124] 다음 삼각비의 표를 이용하여 그림의 직각삼각형 ABC에서 x의 값을 구하여라. (단, 소수점 첫째 자리에서 반올림하여 자연수로 나타낸다.)

각도	사인(sin)	코사인(cos)	탄젠트(tan)
40°	0.6428	0.7660	0.8391
41°	0.6561	0.7547	0.8693
42°	0.6691	0.7431	0.9004
43°	0.6820	0.7314	0.9325
44°	0.6947	0.7193	0.9657

123

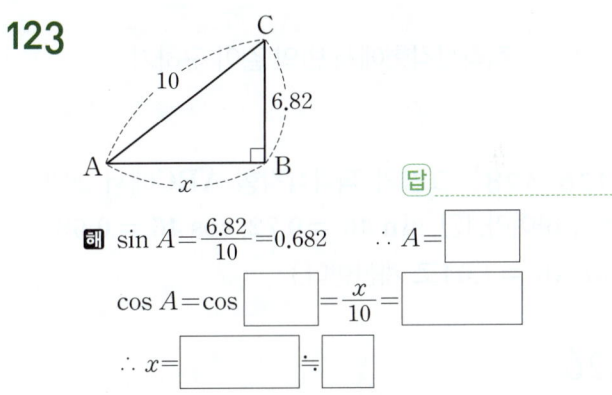

답 _____

해 $\sin A = \dfrac{6.82}{10} = 0.682$ ∴ $A = $ □

$\cos A = \cos$ □ $= \dfrac{x}{10} = $ □

∴ $x = $ □ $\fallingdotseq$ □

124

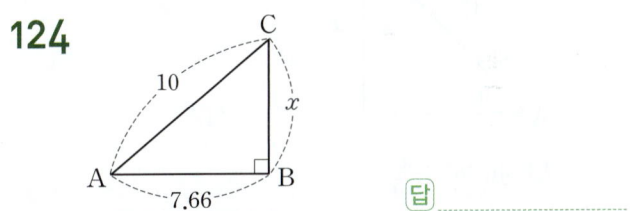

답 _____

개념 체크

125 다음 빈칸에 알맞은 것을 써넣어라.

1) [   ]의 표 : [   ]에서 [   ]까지 1° 단위로 삼각비를 소수점 아래 다섯째 자리에서 반올림하여 소수점 아래 넷째 자리까지의 값을 나타낸 표

2) [   ]의 표 읽는 방법 : 구하려고 하는 각도의 [   ]과 삼각비의 [   ]이 만나는 곳의 수를 읽는다.

09 직각삼각형의 변의 길이

∠C=90°인 직각삼각형 ABC에서

(1) ∠B의 크기와 c를 알 때, $a=c\cos B$, $b=c\sin B$

(2) ∠B의 크기와 a를 알 때, $b=a\tan B$, $c=\dfrac{a}{\cos B}$

(3) ∠B의 크기와 b를 알 때, $a=\dfrac{b}{\tan B}$, $c=\dfrac{b}{\sin B}$

참고 직각삼각형에서 한 변의 길이와 한 예각의 크기를 알면 삼각비를 이용하여 나머지 두 변의 길이를 구할 수 있다.

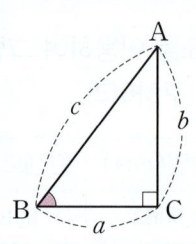

유형18 직각삼각형에서 변의 길이 구하기

[126~128] 그림의 직각삼각형 ABC에서 x의 값을 구하여라. (단, $\sin 46°=0.72$, $\cos 46°=0.69$, $\tan 46°=1.04$로 계산한다.)

126

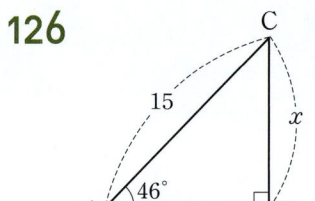

답 _____

해 $\sin 46°=\dfrac{x}{15}$

∴ $x=15\sin 46°=15×\boxed{}=\boxed{}$

127

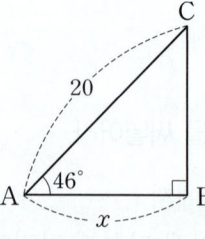

답 _____

128

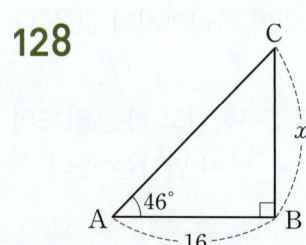

답 _____

[129~131] 주어진 삼각비의 값을 이용하여 직각삼각형 ABC에서 x의 값을 구하여라. (단, 소수점 아래 첫째 자리에서 반올림하여 자연수로 나타낸다.)

129 $\tan 22°=0.40$

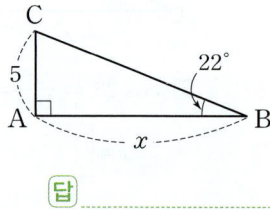

답 _____

130 $\sin 30°=0.5$

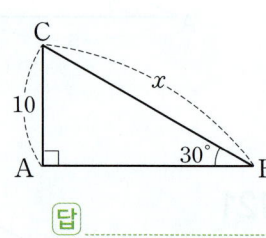

답 _____

131 $\cos 35°=0.82$

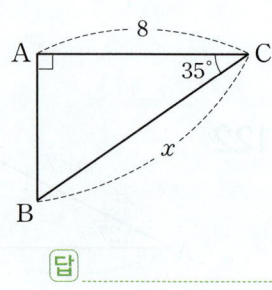

답 _____

04 DAY

[132~134] 그림의 입체도형의 부피를 구하여라.

132

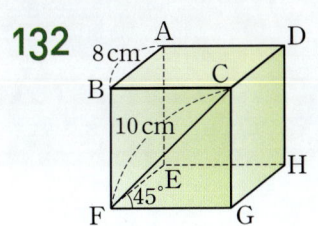

답 _____ **cm³**

해 $\overline{FG}=10\cos 45° = \boxed{}$(cm)

$\overline{CG}=10\sin 45° = \boxed{}$(cm)

∴ (부피) $= \boxed{} \times \boxed{} \times 8 = \boxed{}$(cm³)

133

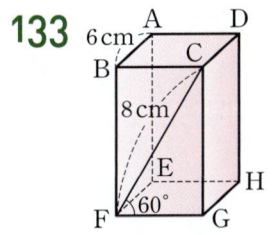

답 _____ **cm³**

134

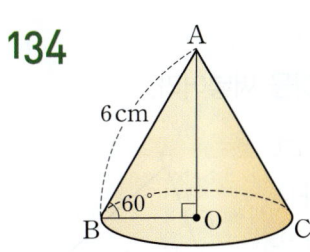

답 _____ **cm³**

[135~137] 주어진 삼각비의 값을 이용하여 그림의 건물의 높이를 구하여라.

135 sin 36°=0.59
cos 36°=0.81
tan 36°=0.73

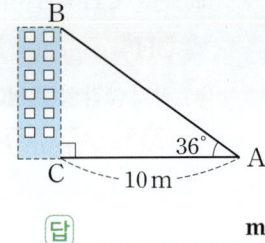

답 _____ **m**

해 $\tan 36° = \dfrac{\overline{BC}}{10}$

∴ $\overline{BC}=10\tan 36°=10\times \boxed{} = \boxed{}$(m)

136 sin 32°=0.53
cos 32°=0.85
tan 32°=0.62

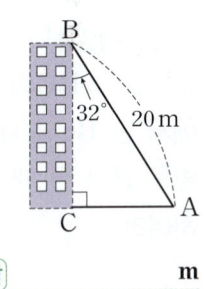

답 _____ **m**

137 sin 30°=0.5, sin 45°=0.71
cos 30°=0.87, cos 45°=0.71
tan 30°=0.58, tan 45°=1

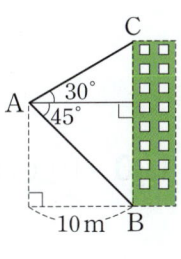

답 _____ **m**

개념 체크

138 다음 빈칸에 알맞은 것을 써넣어라.

∠C=90°인 직각삼각형 ABC에서

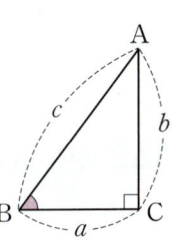

1) ∠B의 크기와 c를 알 때,
$a=[\qquad]$, $b=[\qquad]$

2) ∠B의 크기와 a를 알 때,
$b=[\qquad]$, $c=[\qquad]$

3) ∠B의 크기와 b를 알 때,
$a=[\qquad]$, $c=[\qquad]$

10 일반 삼각형의 변의 길이 (1)

삼각형의 두 변의 길이와 그 끼인각의 크기를 알 때, 다른 한 변의 길이는 다음과 같은 순서로 구한다.

(ⅰ) 직각삼각형이 만들어지도록 한 꼭짓점에서 수선을 긋는다.

(ⅱ) 선분 AH의 길이를 구한다.

$$\boxed{\overline{AH}=c\sin B} \longrightarrow \dfrac{AH}{c}=\sin B에서 \overline{AH}=c\sin B$$

(ⅲ) 선분 CH의 길이를 구한다.

$$\boxed{\overline{CH}=a-c\cos B} \longrightarrow \dfrac{\overline{BH}}{c}=\cos B에서 \overline{BH}=c\cos B$$

(ⅳ) 직각삼각형 AHC에서 피타고라스 정리를 이용하여 선분 AC의 길이를 구한다.

$$\boxed{\overline{AC}=\sqrt{(c\sin B)^2+(a-c\cos B)^2}} \longrightarrow \overline{AC}=\sqrt{\overline{AH}^2+\overline{CH}^2}$$

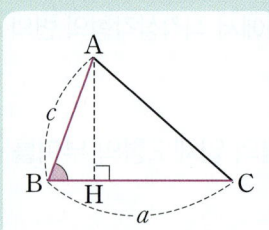

유형21 두 변의 길이와 그 끼인각의 크기가 주어진 경우 변의 길이

[139~142] 그림과 같은 삼각형 ABC의 꼭짓점 A에서 변 BC에 내린 수선의 발을 H라 할 때, 다음을 구하여라.

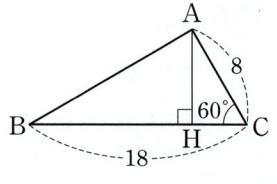

139 선분 AH의 길이

답 _____

140 선분 CH의 길이

답 _____

141 선분 BH의 길이

답 _____

142 선분 AB의 길이

답 _____

[143~144] 그림의 삼각형 ABC에서 x의 값을 구하여라.

143

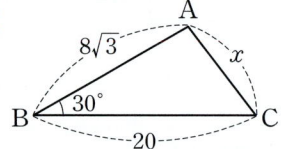

답 _____

144

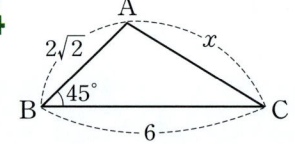

답 _____

개념 체크

145 다음 빈칸에 알맞은 것을 써넣어라.

삼각형의 두 변의 길이와 그 끼인각의 크기를 알 때, 다른 한 변의 길이는 다음과 같은 순서로 구한다.

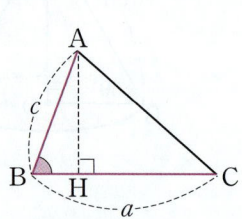

(ⅰ) 직각삼각형이 만들어지도록 한 꼭짓점에서 [   ]을 긋는다.

(ⅱ) $\overline{AH}=$[   ]

(ⅲ) $\overline{CH}=$[   ]

(ⅳ) $\overline{AC}=$[   ]

11 일반 삼각형의 변의 길이 (2)

삼각형의 한 변의 길이와 그 양 끝 각의 크기를 알 때, 다른 두 변의 길이는 다음과 같은 순서로 구한다.

(i) 직각삼각형이 만들어지도록 두 꼭짓점 B, C에서 대변에 각각 수선을 긋는다.

(ii) 직각삼각형 BCH'에서 변 CH'의 길이를, 직각삼각형 BCH에서 변 BH 의 길이를 구한다.

$$\overline{CH'}=a\sin B, \quad \overline{BH}=a\sin C$$

(iii) 직각삼각형 AH'C에서 변 AC의 길이를, 직각삼각형 ABH에서 변 AB의 길이를 구한다. → 삼각형 ABC의 두 내각 ∠B, ∠C의 크기를 이용하여 ∠A의 크기를 구해서 ∠A에 대한 삼각비를 이용한다.

$$\overline{AC}=\frac{a\sin B}{\sin A}, \quad \overline{AB}=\frac{a\sin C}{\sin A}$$

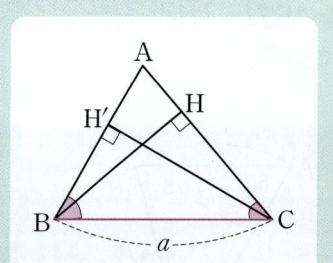

유형22 한 변의 길이와 그 양 끝 각의 크기가 주어진 경우 변의 길이

[146~149] 그림과 같은 삼각형 ABC의 꼭짓점 A 에서 변 BC에 내린 수선의 발을 H라 할 때, 다음을 구하여라.

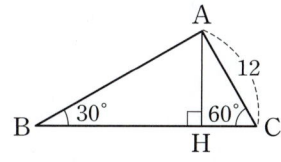

146 선분 AH의 길이

답 _____

147 선분 CH의 길이

답 _____

148 선분 AB의 길이

답 _____

149 선분 BH의 길이

답 _____

[150~152] 그림과 같은 삼각형 ABC의 꼭짓점 B에서 변 CA에 내린 수선의 발을 H라 할 때, 다음을 구하여라.

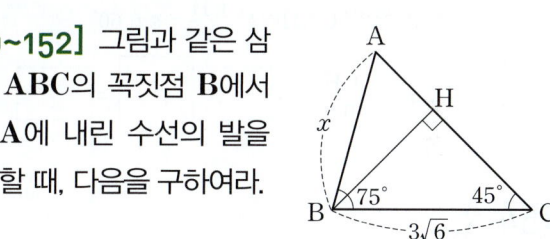

150 ∠A의 크기

답 _____

151 선분 BH의 길이

답 _____

152 x의 값

답 _____

해 직각삼각형 ABH에서 $\dfrac{\overline{BH}}{x}=\sin \boxed{}$

$\therefore x=\dfrac{\overline{BH}}{\sin \boxed{}}=\boxed{}\div\boxed{}=\boxed{}$

[153~157] 그림과 같은 삼각형 ABC에서 x의 값을 구하여라.

153

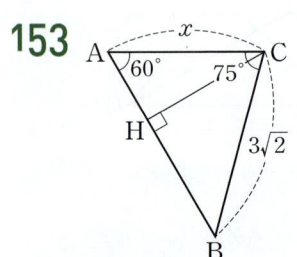

답 _____

해 삼각형 ABC에서 ∠B=180°−(60°+75°)= [   ]

점 C에서 변 AB에 내린 수선의 발을 H라 하면

직각삼각형 BCH에서 $\overline{CH}=3\sqrt{2}\sin$ [   ] = [   ]

직각삼각형 CAH에서 $\dfrac{\overline{CH}}{x}=\sin 60°$

∴ $x=\dfrac{\overline{CH}}{\sin 60°}=$ [   ] ÷ [   ] = [   ]

154

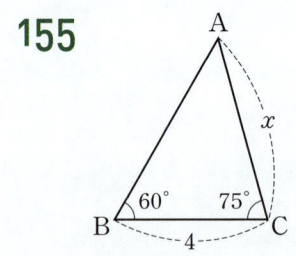

답 _____

155

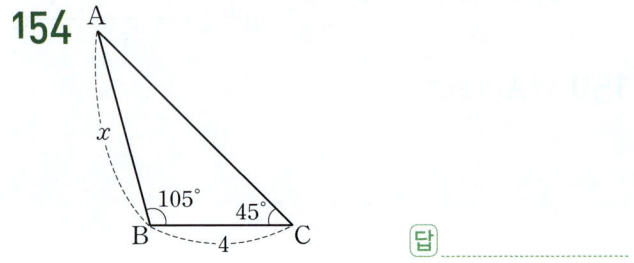

답 _____

156

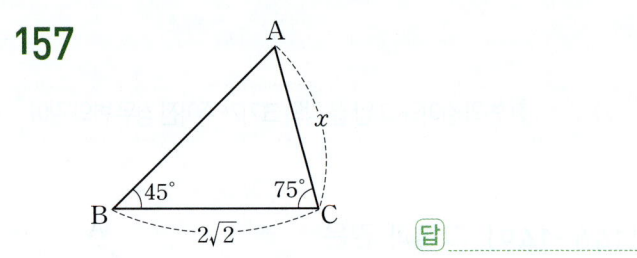

답 _____

157

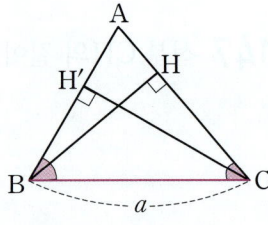

답 _____

개념 체크

158 다음 빈칸에 알맞은 것을 써넣어라.

삼각형의 한 변의 길이와 그 양 끝 각의 크기를 알 때, 다른 두 변의 길이는 다음과 같은 순서로 구한다.

(ⅰ) 직각삼각형이 만들어 지도록 두 꼭짓점 B, C에서 대변에 각각 [   ]을 긋는다.

(ⅱ) 직각삼각형 BCH′에서 변 CH′의 길이를, 직각삼각형 BCH에서 변 BH의 길이를 구한다.
$\overline{CH'}=$ [   ], $\overline{BH}=$ [   ]

(ⅲ) 직각삼각형 AH′C에서 변 AC의 길이를, 직각삼각형 ABH에서 변 AB의 길이를 구한다.
$\overline{AC}=$ [   ], $\overline{AB}=$ [   ]

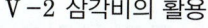

V -2 삼각비의 활용

12 예각삼각형의 높이

예각삼각형 ABC에서 변 BC의 길이와 그 양 끝 각 $\angle B$, $\angle C$의 크기를 알 때, 높이 h는

$$h=\dfrac{a}{\tan(90°-B)+\tan(90°-C)}$$

→ $\angle BAH=90°-B$, $\angle CAH=90°-C$이므로
$\overline{BH}=h\tan(90°-B)$, $\overline{CH}=h\tan(90°-C)$
즉, $\overline{BC}=\overline{BH}+\overline{CH}$에서 $a=h\{\tan(90°-B)+\tan(90°-C)\}$

$\therefore h=\dfrac{a}{\tan(90°-B)+\tan(90°-C)}$

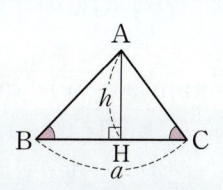

05 DAY

유형23 예각삼각형의 높이 구하기

[159~161] 그림과 같은 삼각형 ABC에서 다음 물음에 답하여라.

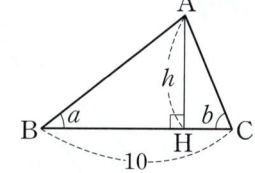

159 선분 BH의 길이를 h와 $\angle BAH$의 크기를 이용하여 나타내어라.

답 _____

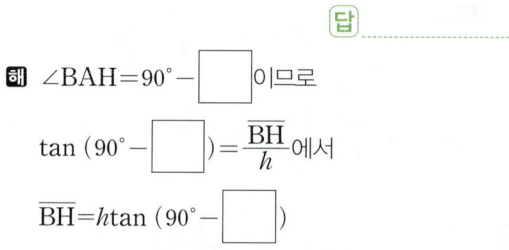

해 $\angle BAH=90°-\boxed{}$이므로

$\tan(90°-\boxed{})=\dfrac{\overline{BH}}{h}$에서

$\overline{BH}=h\tan(90°-\boxed{})$

160 선분 CH의 길이를 h와 $\angle CAH$의 크기를 이용하여 나타내어라.

답 _____

161 삼각형 ABC의 높이 h를 삼각비를 이용하여 나타내어라.

답 _____

[162~163] 그림과 같은 삼각형 **ABC**의 높이 h를 구하여라.

162

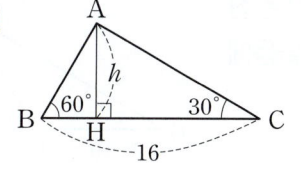

답 $\boxed{}$

해 $h=\dfrac{\boxed{}}{\tan30°+\tan60°}=\dfrac{\boxed{}}{\dfrac{\sqrt{3}}{3}+\sqrt{3}}=\dfrac{\boxed{}}{\sqrt{3}+3\sqrt{3}}$

$=\boxed{}$

163

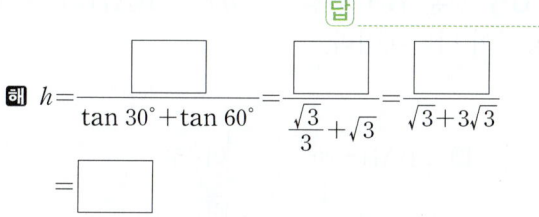

답 _____

개념 체크

164 다음 빈칸에 알맞은 것을 써넣어라.

예각삼각형 ABC에서 변 BC의 길이와 그 양 끝 각 $\angle B$, $\angle C$의 크기를 알 때, 높이 h는

$h=[\qquad\qquad]$

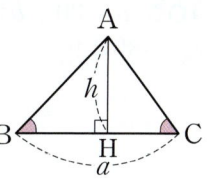

13 둔각삼각형의 높이

둔각삼각형 ABC에서 변 BC의 길이와 그 양 끝 각 ∠B, ∠C의 크기를 알 때, 높이 h는

$$h = \frac{a}{\tan(90°-x) - \tan(90°-y)}$$

> ∠BAH $= 90° - x$, ∠CAH $= 90° - y$이므로
> $\overline{BH} = h\tan(90°-x)$, $\overline{CH} = h\tan(90°-y)$
> 즉, $\overline{BC} = \overline{BH} - \overline{CH}$에서 $a = h\{\tan(90°-x) - \tan(90°-y)\}$
> ∴ $h = \dfrac{a}{\tan(90°-x) - \tan(90°-y)}$

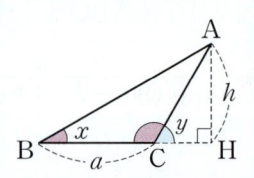

유형24 둔각삼각형의 높이 구하기

[165~168] 그림과 같은 삼각형 **ABC**에서 다음 물음에 답하여라.

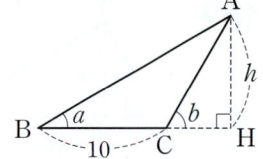

165 선분 BH의 길이를 h와 ∠BAH의 크기를 이용하여 나타내어라.

[답] _____

[해] ∠BAH $= 90° - \boxed{}$ 이므로

$\tan(90° - \boxed{}) = \dfrac{\overline{BH}}{h}$ 에서

$\overline{BH} = h\tan(90° - \boxed{})$

166 선분 CH의 길이를 h와 ∠CAH의 크기를 이용하여 나타내어라.

[답] _____

167 삼각형 ABC의 높이 h를 삼각비를 이용하여 나타내어라.

[답] _____

168 $a = 30°$, $b = 45°$일 때, 삼각형 ABC의 높이 h를 구하여라.

[답] _____

[169~170] 그림과 같은 삼각형 **ABC**의 높이 h를 구하여라.

169

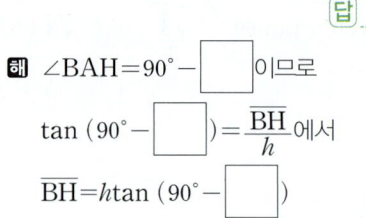

[답] _____

[해] $h = \dfrac{\boxed{}}{\tan 45° - \tan 30°} = \dfrac{\boxed{}}{1 - \dfrac{\sqrt{3}}{3}}$

$= \dfrac{\boxed{}}{3 - \sqrt{3}} = \boxed{}$

170

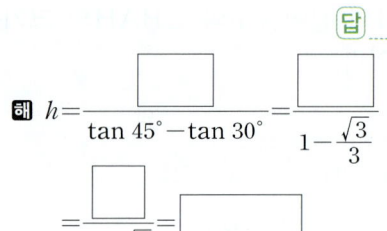

[답] _____

개념 체크

171 다음 빈칸에 알맞은 것을 써넣어라.

둔각삼각형 ABC에서 변 BC의 길이와 그 양 끝 각 ∠B, ∠C의 크기를 알 때, 높이 h는

$h = []$

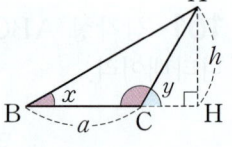

14 삼각형의 넓이

삼각형 ABC에서 두 변의 길이 a, c와 그 끼인각 $\angle$B의 크기를 알 때, 삼각형 ABC의 넓이는

(1) $\angle$B가 예각일 때,

$$\triangle ABC = \frac{1}{2}ac\sin B$$ → 직각삼각형 ABH에서 $h = c\sin B$

(2) $\angle$B가 둔각일 때,

$$\triangle ABC = \frac{1}{2}ac\sin(180°-B)$$ → 직각삼각형 AHB에서 $h = c\sin(180°-B)$

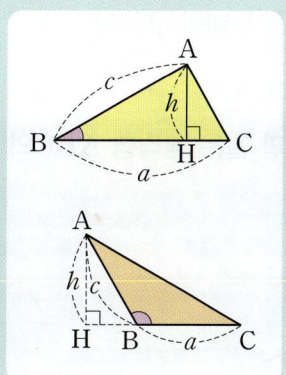

유형25 예각삼각형의 넓이 구하기

[172~177] 그림과 같은 삼각형 ABC의 넓이를 구하여라.

172

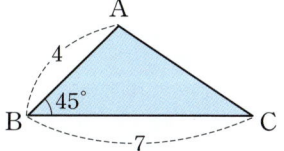

답 _____

해 $\triangle ABC = \frac{1}{2} \times 4 \times 7 \times \sin \boxed{}$

$= \frac{1}{2} \times 4 \times 7 \times \boxed{} = \boxed{}$

173

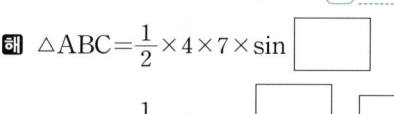

답 _____

174

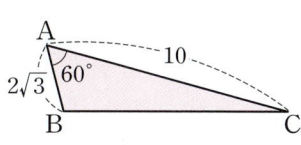

답 _____

175

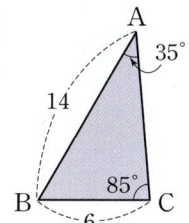

답 _____

해 $\angle B = 180° - (35° + 85°) = \boxed{}$ 이므로

$\triangle ABC = \frac{1}{2} \times 14 \times 6 \times \sin \boxed{}$

$= \frac{1}{2} \times 14 \times 6 \times \boxed{} = \boxed{}$

176

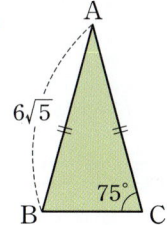

답 _____

177

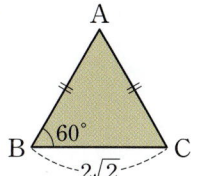

답 _____

유형26 둔각삼각형의 넓이 구하기

[178~184] 그림과 같은 삼각형 ABC의 넓이를 구하여라.

178

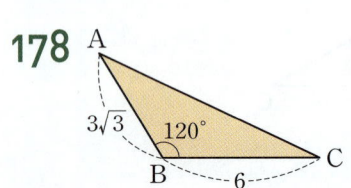

답 _____

해 $\triangle ABC = \dfrac{1}{2} \times 6 \times 3\sqrt{3} \times \sin\left(180° - \boxed{}\right)$

$\qquad = \dfrac{1}{2} \times 6 \times 3\sqrt{3} \times \boxed{} = \boxed{}$

179

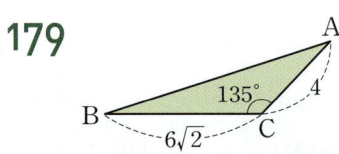

답 _____

180

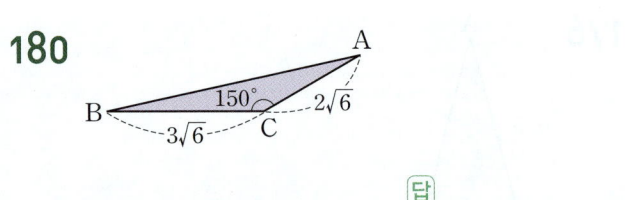

답 _____

181

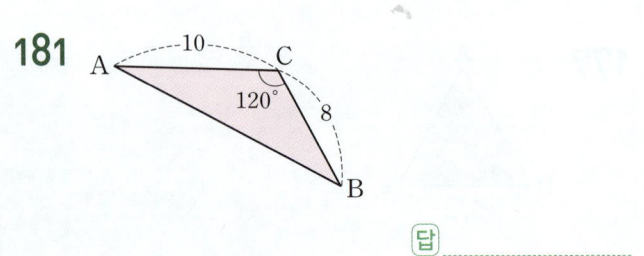

답 _____

182

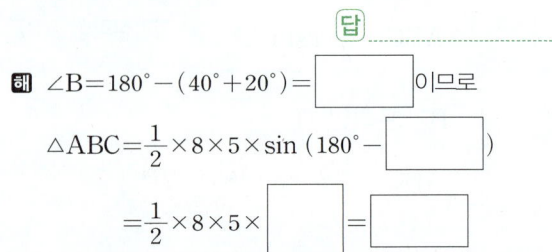

답 _____

해 $\angle B = 180° - (40° + 20°) = \boxed{}$ 이므로

$\triangle ABC = \dfrac{1}{2} \times 8 \times 5 \times \sin\left(180° - \boxed{}\right)$

$\qquad = \dfrac{1}{2} \times 8 \times 5 \times \boxed{} = \boxed{}$

183

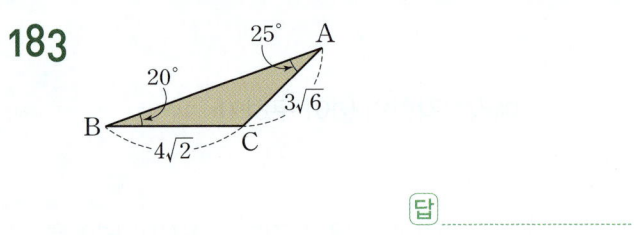

답 _____

184

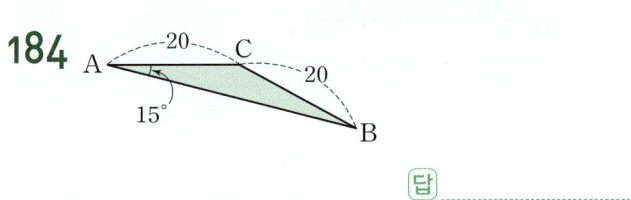

답 _____

개념 체크

185 다음 빈칸에 알맞은 것을 써넣어라.

삼각형 ABC에서 두 변의 길이 a, c와 그 끼인각 $\angle B$의 크기를 알 때, 삼각형 ABC의 넓이는

1) $\angle B$가 예각일 때,

$\triangle ABC = \dfrac{1}{2}ac \left[\right]$

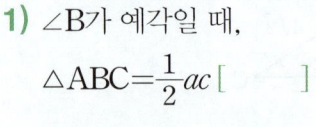

2) $\angle B$가 둔각일 때,

$\triangle ABC = \dfrac{1}{2}ac \left[\right]$

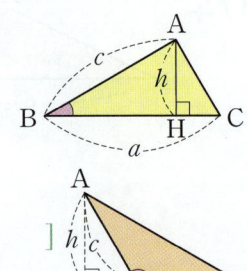

15 사각형의 넓이

(1) 평행사변형의 넓이

평행사변형 ABCD의 이웃하는 두 변의 길이가 a, b이고, 그 끼인각 ∠B의 크기가

① 예각일 때, $\square ABCD = ab\sin B$

② 둔각일 때, $\square ABCD = ab\sin (180° - B)$

(2) 사각형의 넓이

사각형 ABCD의 두 대각선의 길이가 a, b이고, 두 대각선이 이루는 각의 크기 x가

① 예각일 때, $\square ABCD = \dfrac{1}{2}ab\sin x$

② 둔각일 때, $\square ABCD = \dfrac{1}{2}ab\sin (180° - x)$

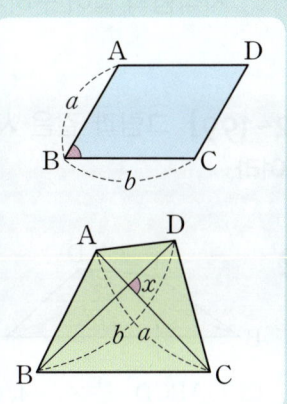

유형27 평행사변형의 넓이 구하기

[186~191] 그림과 같은 평행사변형 ABCD의 넓이를 구하여라.

186

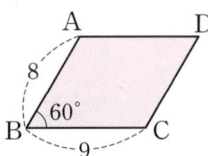

답 _____

해 $\square ABCD = 8 \times 9 \times \sin \boxed{}$

$= 8 \times 9 \times \boxed{} = \boxed{}$

187

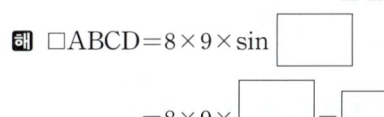

답 _____

188

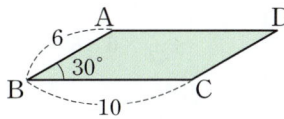

답 _____

189

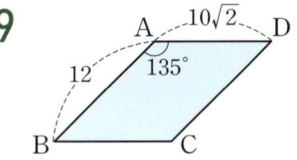

답 _____

190

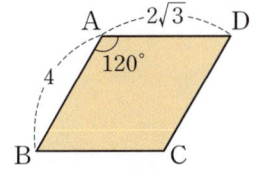

답 _____

191

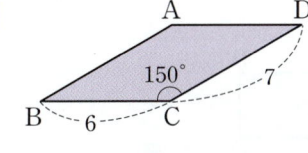

답 _____

[192~199] 그림과 같은 사각형 ABCD의 넓이를 구하여라.

192

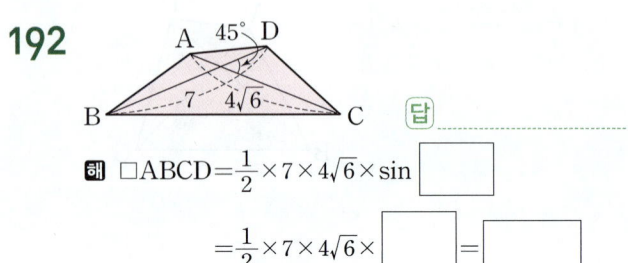

답 _____

해 $\square ABCD = \dfrac{1}{2} \times 7 \times 4\sqrt{6} \times \sin \boxed{}$

$= \dfrac{1}{2} \times 7 \times 4\sqrt{6} \times \boxed{} = \boxed{}$

193

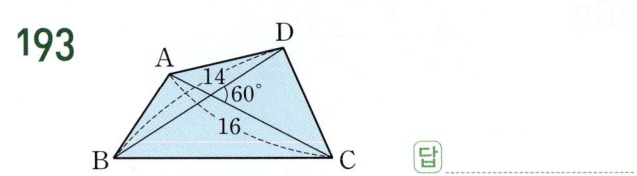

답 _____

194

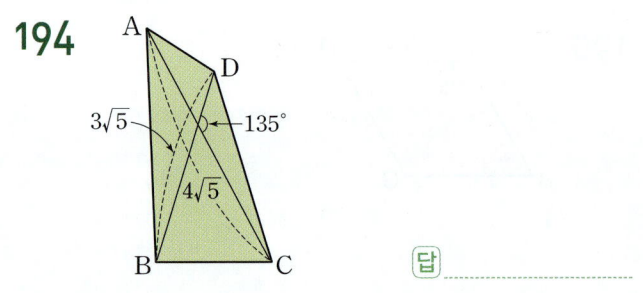

답 _____

195

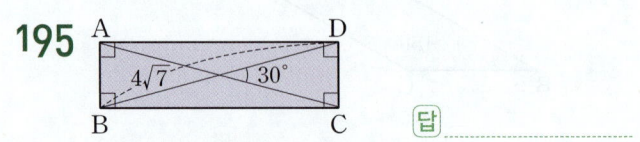

답 _____

196

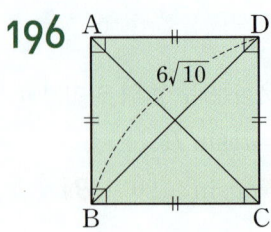

답 _____

197

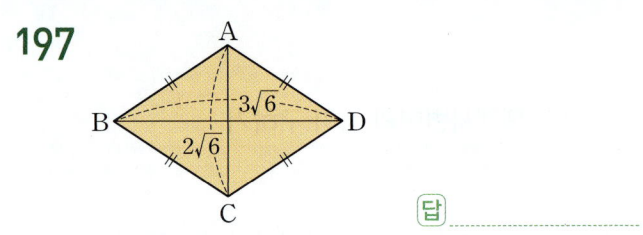

답 _____

198

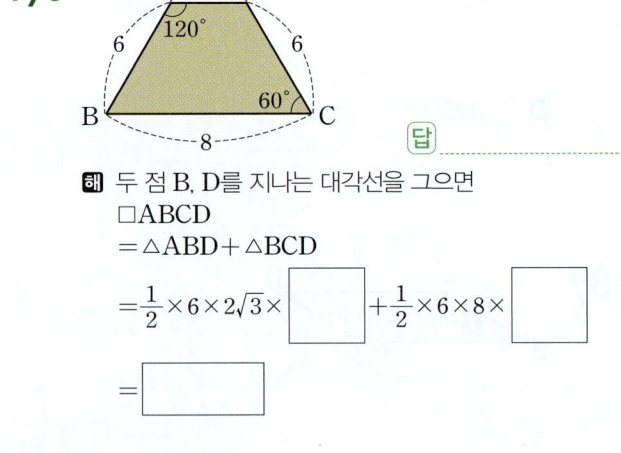

답 _____

해 두 점 B, D를 지나는 대각선을 그으면
$\square ABCD$
$= \triangle ABD + \triangle BCD$
$= \dfrac{1}{2} \times 6 \times 2\sqrt{3} \times \boxed{} + \dfrac{1}{2} \times 6 \times 8 \times \boxed{}$
$= \boxed{}$

199

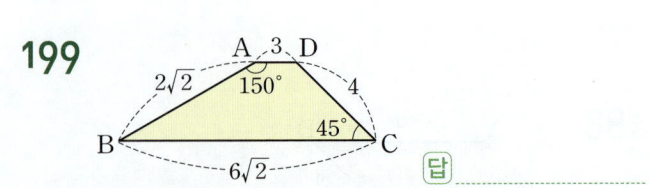

답 _____

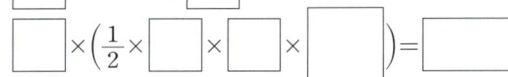

유형29 원에 내접하는 다각형의 성질 활용

[200~205] 그림에서 색칠한 부분의 넓이를 구하여라.

200

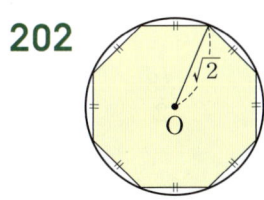

답 _____

해 색칠된 육각형은 정육각형이고, 이것은 한 변의 길이가

[ ] 인 정삼각형 [ ] 개의 넓이의 합과 같으므로

$[\ ] \times \left(\frac{1}{2} \times [\ ] \times [\ ] \times [\ ] \right) = [\ ]$

201

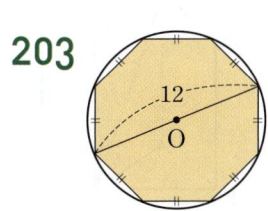

답 _____

202

답 _____

203

답 _____

204

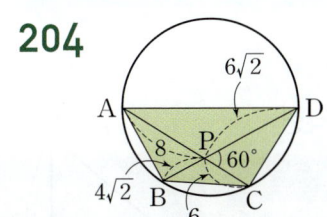

답 _____

해 □ABCD

$= \frac{1}{2} \times (8+6) \times (4\sqrt{2} + [\ ]) \times [\ ]$

$= [\ ]$

205

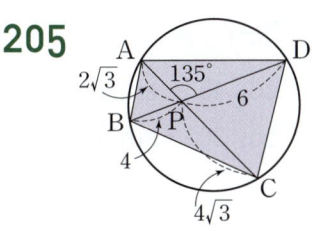

답 _____

개념 체크

206 다음 빈칸에 알맞은 것을 써넣어라.

1) 평행사변형 ABCD의 이
웃하는 두 변의 길이가
a, b이고, 그 끼인각 ∠B
의 크기가

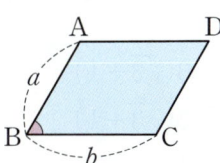

① 예각일 때,

□ABCD=ab[ ]

② 둔각일 때,

□ABCD=ab[ ]

2) 사각형 ABCD의 두 대각
선의 길이가 a, b이고, 두
대각선이 이루는 각의 크
기 x가

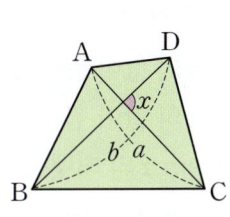

① 예각일 때,

□ABCD=[ ]

② 둔각일 때,

□ABCD=[ ]

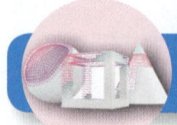
01 그림과 같은 직각삼각형 ABC에서 $\sin A$의 값은?

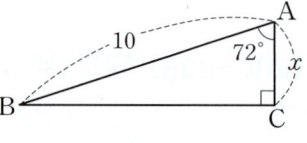

① $\dfrac{3}{5}$ ② $\dfrac{4}{5}$

③ $\dfrac{5}{4}$ ④ $\dfrac{4}{3}$

⑤ $\dfrac{5}{3}$

02 다음 식의 값 중 가장 큰 것은?

① $\tan 45° - \sin 30°$ ② $\cos 45° - \sin 45°$

③ $\cos 45° \div \sin 45°$ ④ $\cos 30° \times \sin 60°$

⑤ $\tan 45° \div \cos 60°$

03 그림과 같은 직각삼각형에서 $x+y$의 값은?

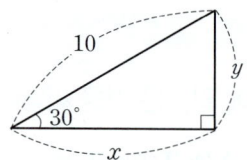

① $3(\sqrt{3}+1)$ ② $4(\sqrt{3}+1)$

③ $5(\sqrt{3}+1)$ ④ $5(2\sqrt{3}+1)$

⑤ 15

04 $0° \le x \le 90°$에서 삼각비의 값의 변화를 설명한 것 중 옳지 않은 것은?

① x의 값이 증가하면 $\sin x$의 값은 증가한다.

② x의 값이 감소하면 $\cos x$의 값은 증가한다.

③ $\sin x$의 최댓값은 1이다.

④ $\cos x = \sin x$인 x의 값은 존재하지 않는다.

⑤ $x = 90°$일 때, $\tan x$의 값은 정할 수 없다.

05 주어진 삼각비의 표를 이용하여 그림의 직각삼각형 ABC에서 x의 값을 구하여라.

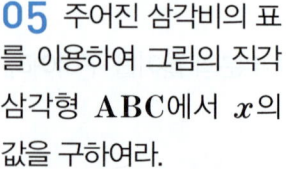

각도	사인 (sin)	코사인 (cos)	탄젠트 (tan)
17°	0.2924	0.9563	0.3057
18°	0.3090	0.9511	0.3249
19°	0.3256	0.9455	0.3443

06 $45° < x < 90°$일 때,
$$\sin x + \cos x + \sqrt{(\cos x - \sin x)^2}$$
을 간단히 나타내어라.

07 삼각형 ABC의 세 내각의 크기가 각각 $\angle A = x$, $\angle B = 2x$, $\angle C = 3x$일 때, $\cos A \times \tan B \times \sin C$의 값은? (단, $x > 0°$이다.)

① $\dfrac{1}{2}$ ② 1   ③ $\dfrac{\sqrt{3}}{2}$

④ $\dfrac{3}{2}$ ⑤ 2

08 그림과 같은 직육면체 ABCD−EFGH에서 $\angle AGE = x$라 할 때, $\tan x$의 값은?

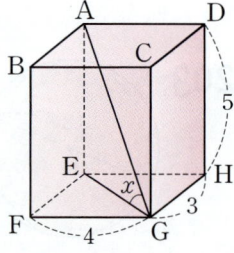

① $\dfrac{1}{2}$ ② 1

③ $\dfrac{\sqrt{3}}{2}$ ④ $\sqrt{3}$ ⑤ 2

09 그림과 같이 바닥으로부터 눈까지의 높이가 **2 m** 인 어떤 농구 선수가 **305 cm** 높이의 농구 골대를 올려다본 각의 크기가 **27°** 라 할 때, 농구 선수는 농구 골대로부터 x **cm**만큼 떨어져 있다고 한다. 이때, x의 값을 구하여라. (단, 농구 골대의 지름의 길이와 두께는 무시한다. 또, 소수점 아래 첫째 자리에서 반올림하고, **tan 27° = 0.51**로 계산한다.)

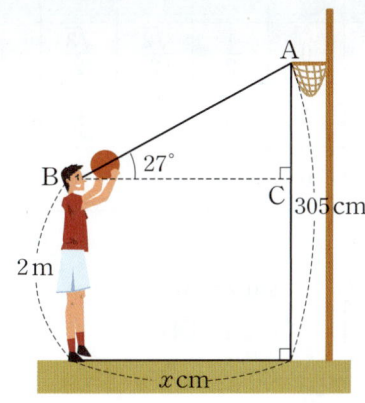

10 그림과 같은 삼각형 ABC에서 $\overline{AB} = 4\sqrt{2}$ **cm**, $\overline{AC} = 5$ **cm**, ∠B = **45°**일 때, 선분 BC의 길이는?

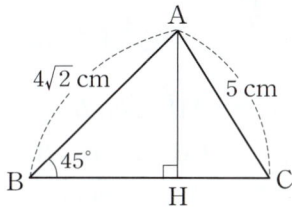

① $\dfrac{13}{2}$ cm   ② 7 cm   ③ $\dfrac{15}{2}$ cm

④ 8 cm   ⑤ $\dfrac{17}{2}$ cm

11 그림과 같은 삼각형 ABC에서 ∠ABH = **60°**, ∠ACH = **30°**, $\overline{BC} = 4$ **cm**일 때, h의 값은?

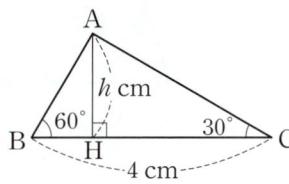

① $\sqrt{3}$ ② 2   ③ $\sqrt{5}$

④ $\sqrt{6}$ ⑤ $\sqrt{7}$

12 그림과 같은 삼각형 ABC에서 $\overline{AB} = 2$ **cm**, ∠B = **30°**이고, 삼각형 ABC의 넓이가 **2 cm²**일 때, x의 값은?

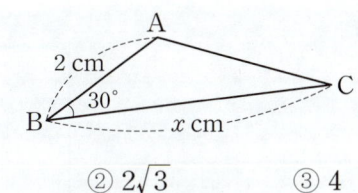

① 3   ② $2\sqrt{3}$ ③ 4
④ $3\sqrt{2}$ ⑤ $3\sqrt{3}$

13 그림과 같이 높이가 **2 cm**인 직사각형 모양의 색종이를 선분 AB를 접는 선으로 하여 접었을 때, $\overline{AB} = 4$ **cm**이고, ∠ABC = **30°**이다. 삼각형 ABC의 넓이를 구하여라.

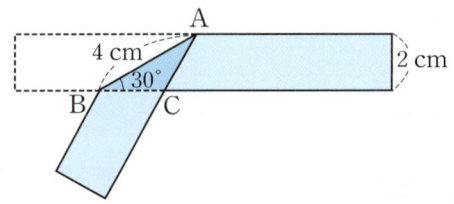

14 그림과 같은 평행사변형 ABCD에서 ∠A = **120°**, $\overline{AB} = 2$ **cm**, $\overline{BC} = 4$ **cm**일 때, 평행사변형 ABCD의 넓이는?

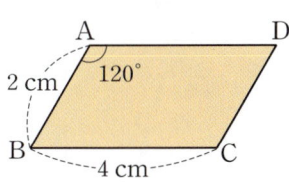

① $\dfrac{3}{2}$ cm²   ② $\sqrt{3}$ cm²   ③ 2 cm²

④ $2\sqrt{3}$ cm²   ⑤ $4\sqrt{3}$ cm²

15 한 변의 길이가 a **cm**인 정삼각형의 넓이가 $4\sqrt{3}$ **cm²** 일 때, a의 값을 구하여라.

MIND MAP

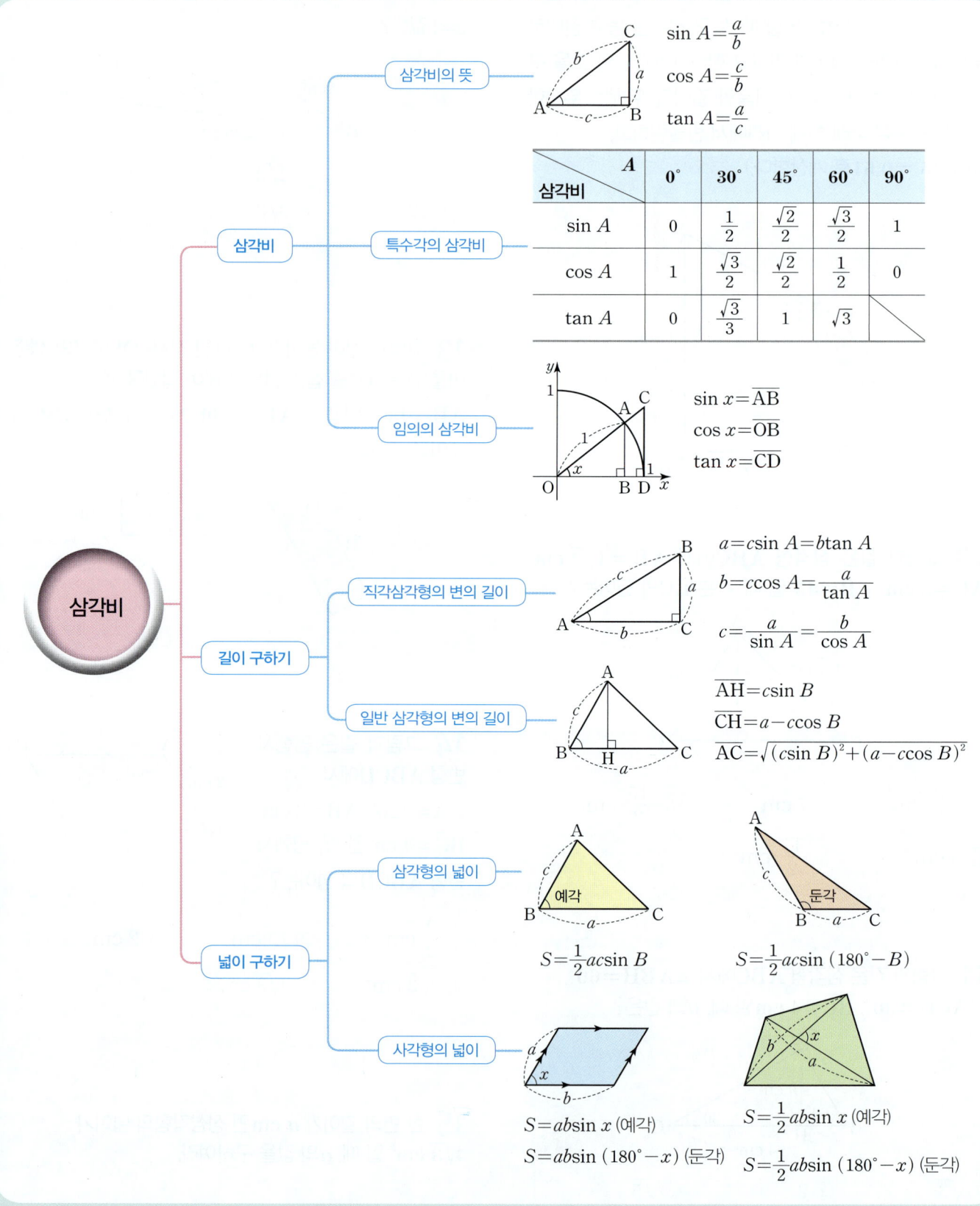

삼각비

삼각비

- 삼각비의 뜻

$$\sin A = \frac{a}{b}$$
$$\cos A = \frac{c}{b}$$
$$\tan A = \frac{a}{c}$$

- 특수각의 삼각비

삼각비 \ A	0°	30°	45°	60°	90°
$\sin A$	0	$\frac{1}{2}$	$\frac{\sqrt{2}}{2}$	$\frac{\sqrt{3}}{2}$	1
$\cos A$	1	$\frac{\sqrt{3}}{2}$	$\frac{\sqrt{2}}{2}$	$\frac{1}{2}$	0
$\tan A$	0	$\frac{\sqrt{3}}{3}$	1	$\sqrt{3}$	

- 임의의 삼각비

$$\sin x = \overline{AB}$$
$$\cos x = \overline{OB}$$
$$\tan x = \overline{CD}$$

길이 구하기

- 직각삼각형의 변의 길이

$$a = c\sin A = b\tan A$$
$$b = c\cos A = \frac{a}{\tan A}$$
$$c = \frac{a}{\sin A} = \frac{b}{\cos A}$$

- 일반 삼각형의 변의 길이

$$\overline{AH} = c\sin B$$
$$\overline{CH} = a - c\cos B$$
$$\overline{AC} = \sqrt{(c\sin B)^2 + (a - c\cos B)^2}$$

넓이 구하기

- 삼각형의 넓이

예각: $S = \frac{1}{2}ac\sin B$

둔각: $S = \frac{1}{2}ac\sin(180° - B)$

- 사각형의 넓이

$S = ab\sin x$ (예각)
$S = ab\sin(180° - x)$ (둔각)

$S = \frac{1}{2}ab\sin x$ (예각)
$S = \frac{1}{2}ab\sin(180° - x)$ (둔각)

VI 원의 성질

1 중심각의 크기와 호, 현의 길이

한 원 또는 합동인 두 원에서

(1) 크기가 같은 두 중심각에 대한 호의 길이와 현의 길이는 각각 같다.

   즉, $\angle AOB = \angle COD$이면 $\overparen{AB} = \overparen{CD}$, $\overline{AB} = \overline{CD}$

(2) 길이가 같은 두 호 또는 두 현에 대한 중심각의 크기는 각각 같다.

   즉, $\overparen{AB} = \overparen{CD}$ 또는 $\overline{AB} = \overline{CD}$이면 $\angle AOB = \angle COD$

(3) 중심각의 크기와 호의 길이는 정비례하지만 중심각의 크기와 현의 길이는 정비례하지 않는다.

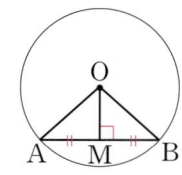

원 O에서 $\angle AOB = \angle BOC$일 때, $\overline{AB} = \overline{BC}$이지만 $\overline{AC} < 2\overline{AB}$이므로 중심각의 크기가 2배가 된다고 해서 현의 길이가 2배가 되지는 않는다.

2 원의 중심과 현의 수직이등분선

(1) 원의 중심에서 현에 내린 수선은 그 현을 수직이등분한다.

   즉, $\overline{OM} \perp \overline{AB}$이면 $\overline{AM} = \overline{BM}$

(2) 원에서 현의 수직이등분선은 그 원의 중심을 지난다.

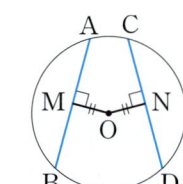

3 현의 길이

한 원 또는 합동인 두 원에서

(1) 중심으로부터 같은 거리에 있는 두 현의 길이는 서로 같다.

   즉, $\overline{OM} = \overline{ON}$이면 $\overline{AB} = \overline{CD}$

(2) 길이가 같은 두 현은 원의 중심으로부터 같은 거리에 있다.

   즉, $\overline{AB} = \overline{CD}$이면 $\overline{OM} = \overline{ON}$

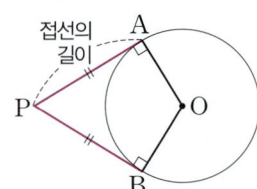

4 원의 접선의 성질

원의 외부에 있는 한 점에서 그 원에 그은 접선의 접점까지의 거리

(1) 원 밖의 한 점에서 그 원에 그은 두 접선의 길이는 같다.

   즉, $\overline{PA} = \overline{PB}$

(2) 원의 접선은 그 접점을 지나는 반지름에 수직이다.

   즉, $\angle PAO = \angle PBO = 90°$

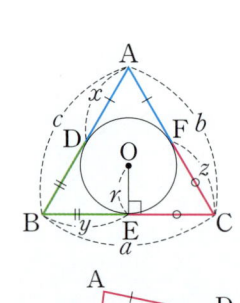

5 원의 접선의 성질의 활용

(1) 삼각형의 내접원

   삼각형 ABC의 내접원 O의 반지름의 길이를 r라 하면

   ① $\overline{AD} = \overline{AF}$, $\overline{BD} = \overline{BE}$, $\overline{CE} = \overline{CF}$

   ② 삼각형 ABC의 둘레의 길이 l은 $l = a + b + c = 2(x + y + z)$

   ③ $\triangle ABC = \dfrac{1}{2}r(a + b + c)$

(2) 외접사각형의 성질

   원에 외접하는 사각형에서 두 쌍의 대변의 길이의 합은 서로 같다.

   즉, $\overline{AB} + \overline{DC} = \overline{AD} + \overline{BC}$

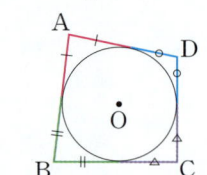

6 원주각과 중심각의 크기

(1) 한 원에서 한 호에 대한 원주각의 크기는 모두 같고, 그 호에 대한 중심각의 크 기의 $\frac{1}{2}$이다. 즉, $\angle APB = \frac{1}{2}\angle AOB$

(2) 반원에 대한 원주각의 크기는 90°이다.

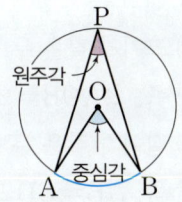

7 원주각의 크기와 호의 길이

한 원 또는 합동인 두 원에서

(1) 길이가 같은 호에 대한 원주각의 크기는 같다.

즉, $\overset{\frown}{AB} = \overset{\frown}{CD}$이면 $\angle APB = \angle CQD$

(2) 크기가 같은 원주각에 대한 호의 길이는 같다.

즉, $\angle APB = \angle CQD$이면 $\overset{\frown}{AB} = \overset{\frown}{CD}$

참고 호 AB의 길이가 원주의 길이의 $\frac{1}{k}$배이면 호 AB에 대한 원주각의 크기는 $\frac{1}{k} \times 180°$이다.

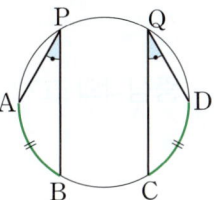

8 네 점이 한 원 위에 있을 조건

두 점 C, D가 직선 AB에 대하여 같은 쪽에 있을 때,

(1) $\angle ACB = \angle ADB$이면 네 점 A, B, C, D는 한 원 위에 있다.

(2) 네 점 A, B, C, D가 한 원 위에 있으면 $\angle ACB = \angle ADB$이다.

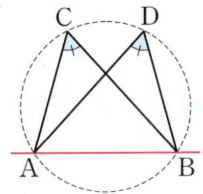

→ 정사각형, 직사각형, 등변사다리꼴은 항상 원에 내접한다.

9 원에 내접하는 사각형의 성질

(1) 원에 내접하는 사각형의 한 쌍의 대각의 크기의 합은 180°이다.

(2) 원에 내접하는 사각형의 한 외각의 크기는 그와 이웃한 내각에 대한 대각의 크기와 같다.

10 접선과 현이 이루는 각

원의 접선과 그 접점을 지나는 현이 이루는 각의 크기는 그 각의 내부에 있는 호에 대한 원주각의 크기와 같다. 즉, $\angle BAT = \angle ACB$

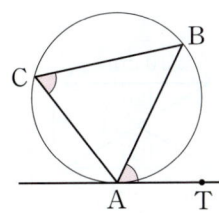

VI –1 원과 직선

01 중심각의 크기와 호, 현의 길이

한 원 또는 합동인 두 원에서

(1) 크기가 같은 두 중심각에 대한 호의 길이와 현의 길이는 각각 같다.

　　즉, $\angle AOB = \angle COD$이면 $\overparen{AB} = \overparen{CD}$, $\overline{AB} = \overline{CD}$

(2) 길이가 같은 두 호 또는 두 현에 대한 중심각의 크기는 같다.

　　즉, $\overparen{AB} = \overparen{CD}$ 또는 $\overline{AB} = \overline{CD}$이면 $\angle AOB = \angle COD$

(3) <mark>중심각의 크기와 호의 길이는 정비례한다.</mark>

(4) 중심각의 크기와 현의 길이는 <mark>정비례하지 않는다.</mark>

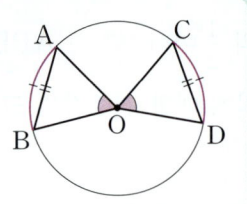

유형01 중심각의 크기와 현의 길이 구하기

[01~03] 그림과 같은 원 O에서 x의 값을 구하여라.

01

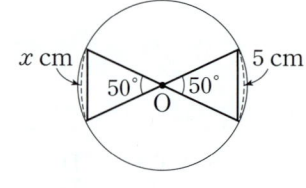

답 _____

해 한 원에서 크기가 같은 두 중심각에 대한 ▢ 의 길이는 서로 같다.

　　∴ $x = $ ▢

02

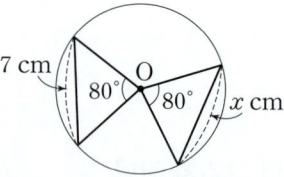

답 _____

03

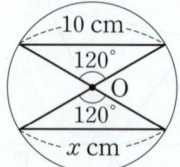

답 _____

[04~06] 그림과 같은 원 O에서 $\angle x$의 크기를 구하여라.

04

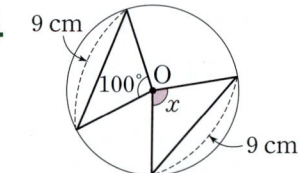

답 _____

해 한 원에서 길이가 같은 두 현에 대한 ▢ 의 크기는 서로 같다.

　　$\angle x = $ ▢

05

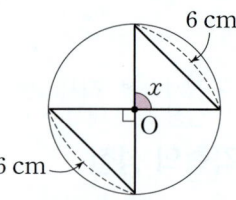

답 _____

06

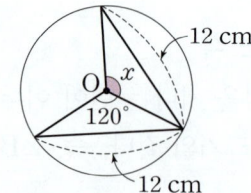

답 _____

유형02 중심각의 크기와 호의 길이 구하기

[07~10] 그림과 같은 원 O에서 x의 값을 구하여라.

07

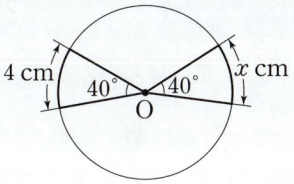

답 _____

📝 한 원에서 중심각의 크기가 [ ]로 같으므로 호의 길이도 서로 같다. ∴ x= [ ]

08

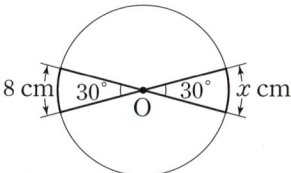

답 _____

09

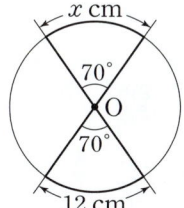

답 _____

10

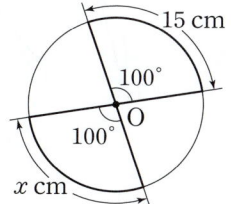

답 _____

[11~14] 그림과 같은 원 O에서 ∠x의 크기를 구하여라.

11

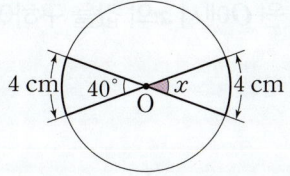

답 _____

📝 한 원에서 호의 길이가 [ ]cm로 같으므로 중심각의 크기도 서로 같다. ∴ ∠x= [ ]

12

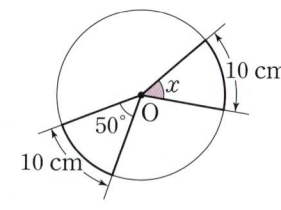

답 _____

13

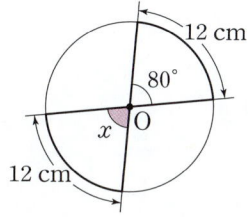

답 _____

14

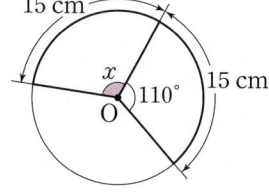

답 _____

중심각의 크기와 호의 길이의 관계

[15~18] 그림과 같은 원 O에서 x의 값을 구하여라.

15

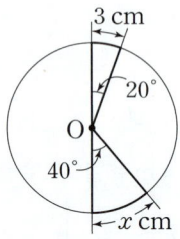

답 _____

해 한 원에서 중심각의 크기와 호의 길이는 정비례하므로

$3 : x = 20° : $ [ ]

$\therefore x = $ [ ]

16

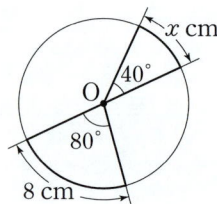

답 _____

17

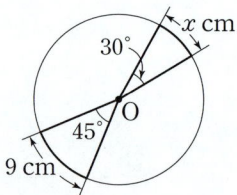

답 _____

18

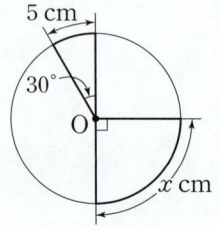

답 _____

[19~21] 그림과 같은 원 O에서 $\angle x$의 크기를 구하여라.

19

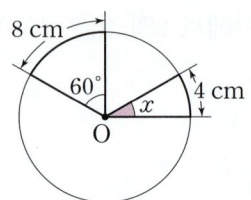

답 _____

해 한 원에서 중심각의 크기와 호의 길이는 정비례하므로

[ ] $: \angle x = 8 : 4$

$\therefore \angle x = $ [ ]

20

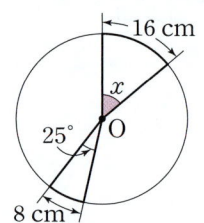

답 _____

21

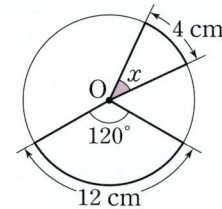

답 _____

개념 체크

22 다음 빈칸에 알맞은 것을 써넣어라.

한 원 또는 합동인 두 원에서

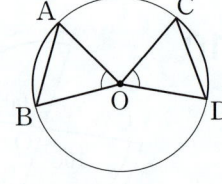

1) $\angle AOB = \angle COD$이면

$\widehat{AB} = $ [ ],

$\overline{AB} = $ [ ]

2) $\widehat{AB} = \widehat{CD}$ 또는

$\overline{AB} = \overline{CD}$이면

$\angle AOB = $ [ ]

3) 중심각의 크기와 호의 길이는 [ ]한다.

4) 중심각의 크기와 현의 길이는 [ ]

02 원의 중심과 현의 수직이등분선

(1) 원의 중심에서 현에 내린 수선은 그 현을 이등분한다.

즉, $\overline{AB} \perp \overline{OM}$이면 $\overline{AM} = \overline{BM}$

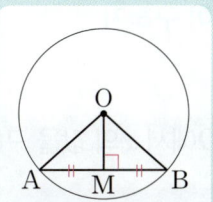

참고 두 삼각형 OAM과 OBM에서

$\overline{OA} = \overline{OB}$ (반지름), $\overline{OM}$은 공통, $\angle OMA = \angle OMB = 90°$이므로

$\triangle OAM \equiv \triangle OBM$ (RHS 합동) $\therefore \overline{AM} = \overline{BM}$

(2) 한 원에서 현의 수직이등분선은 그 원의 중심을 지난다.

유형04 원의 중심과 현의 수직이등분선

[23~30] 그림과 같은 원 O에서 x의 값을 구하여라.

23

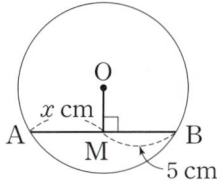

답 _____

해 원의 중심에서 현에 내린 수선은 그 현을 [   ]하

므로 $\overline{AM} = \overline{BM} = $ [   ] cm $\therefore x = $ [   ]

24

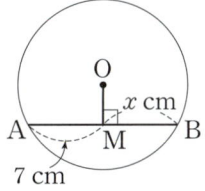

답 _____

25

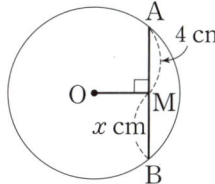

답 _____

26

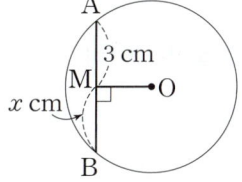

답 _____

27

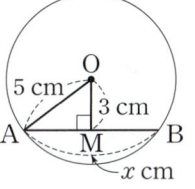

답 _____

해 $\overline{AM} = \sqrt{5^2 - 3^2} = $ [   ] (cm), $\overline{AB} = 2\overline{AM}$이므로

$x = 2 \times $ [   ] $= $ [   ]

28

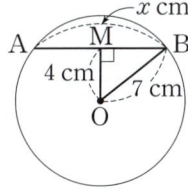

답 _____

29

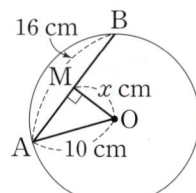

답 _____

30

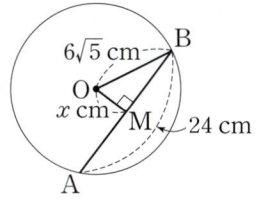

답 _____

유형05 원의 반지름의 길이 구하기

[31~34] 그림과 같은 원 O에서 x의 값을 구하여라.

31
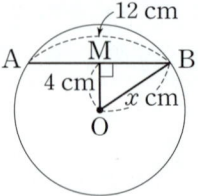

답 _____

32
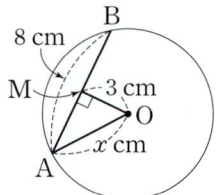

답 _____

33
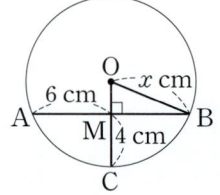

답 _____

해 $\overline{OM}=(x-4)$ cm이므로 직각삼각형 OMB에서

$$x^2=(x-4)^2+\boxed{}^2 \qquad \therefore x=\boxed{}$$

34
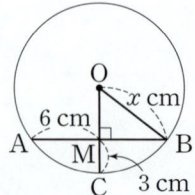

답 _____

유형06 보조선을 이용하여 원의 반지름의 길이 구하기

[35~37] 그림에서 호 AB는 원 O의 일부이다. $\overline{AM}=\overline{BM}$, $\overline{AB}\perp\overline{CM}$일 때, 원 O의 반지름의 길이를 구하여라.

35
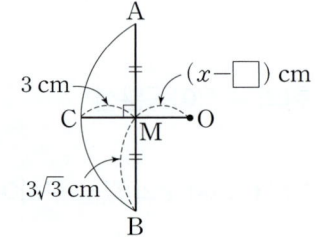

답 _____ cm

해 원 O의 중심 O에서 보조선 OA, OB를 긋고 반지름의 길이를 $\overline{OB}=x$ cm라 하면 직각삼각형 OMB에서

$$x^2=\left(x-\boxed{}\right)^2+(3\sqrt{3})^2$$

$$\boxed{}\,x=36 \qquad \therefore x=\boxed{}$$

36
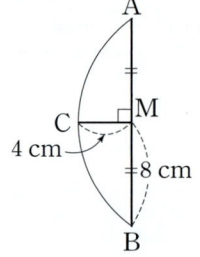

답 _____ cm

37
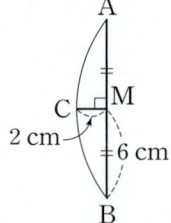

답 _____ cm

개념 체크

38 다음 빈칸에 알맞은 것을 써넣어라.

1) 원의 중심에서 현에 내린 수선은 그 현을 [   ] 한다.

2) 한 원에서 현의 수직이등분선은 그 원의 [   ] 을 지난다.

03 현의 길이

한 원 또는 합동인 두 원에서

(1) 원의 중심으로부터 같은 거리에 있는 두 현의 길이는 서로 같다.

　즉, $\overline{\text{OM}}=\overline{\text{ON}}$이면 $\overline{\text{AB}}=\overline{\text{CD}}$

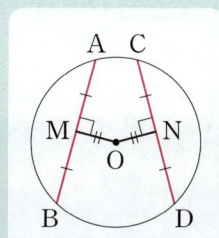

　참고 두 삼각형 AMO, CNO에서 $\overline{\text{OA}}=\overline{\text{OC}}$ (반지름), $\overline{\text{OM}}=\overline{\text{ON}}$,

　　　　$\angle\text{OMA}=\angle\text{ONC}=90°$이므로 $\triangle\text{AMO}\equiv\triangle\text{CNO}$ (RHS 합동)

　　　　$\therefore \overline{\text{AM}}=\overline{\text{CN}}$

　　　　즉, $\overline{\text{AB}}=2\overline{\text{AM}}=2\overline{\text{CN}}=\overline{\text{CD}}$이다.

(2) 길이가 같은 두 현은 원의 중심으로부터 같은 거리에 있다.

　즉, $\overline{\text{AB}}=\overline{\text{CD}}$이면 $\overline{\text{OM}}=\overline{\text{ON}}$

08 DAY

유형07 현의 길이 구하기

[39~44] 그림과 같은 원 O에서 x의 값을 구하여라.

39

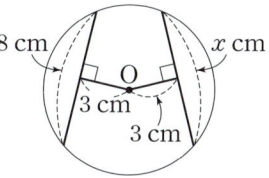

답 _____

해 원의 중심에서 같은 거리에 있는 두 ▢ 의 길이는 서로 같다.　$\therefore x=$ ▢

40

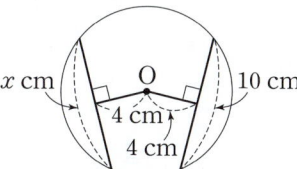

답 _____

41

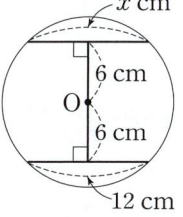

답 _____

42

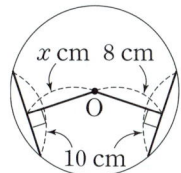

답 _____

해 길이가 같은 두 ▢ 은 원의 중심으로부터 같은 거리에 있다.　$\therefore x=$ ▢

43

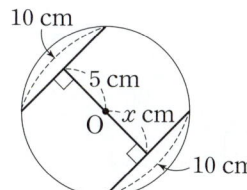

답 _____

44

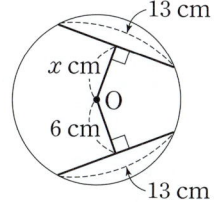

답 _____

[45~48] 그림과 같은 원 O에서 x의 값을 구하여라.

45

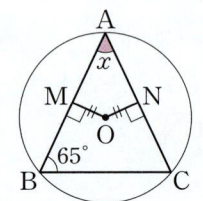

답 _____

46

답 _____

47

답 _____

해 $\overline{AM}=\sqrt{5^2-4^2}=\boxed{}$ (cm)이고

$\overline{AB}=2\overline{AM}$, $\overline{AB}=x$ cm이므로

$x=2\times\boxed{}=\boxed{}$

48

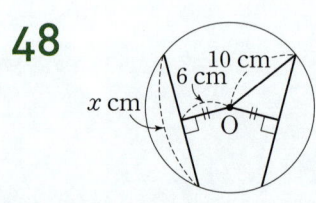

답 _____

유형08 현의 길이의 활용

[49~51] 그림과 같이 원 O에 내접하는 삼각형
ABC에서 $\overline{OM}=\overline{ON}$일 때, $\angle x$의 크기를 구하여라.

49

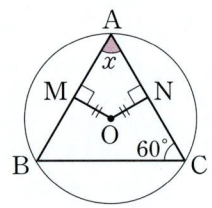

답 _____

해 $\overline{OM}=\overline{ON}$이므로 $\overline{AB}=\overline{AC}$
즉, 삼각형 ABC는 이등변삼각형이므로

$\angle x=180^\circ-2\times\boxed{}=\boxed{}$

50

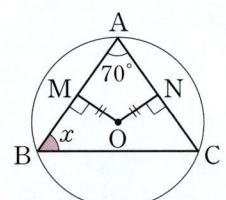

답 _____

51

답 _____

개념 체크

52 다음 빈칸에 알맞은 것을 써넣어라.

한 원 또는 합동인 두 원에서

1) 원의 중심으로부터 같은 거리에 있는 두 현의 길이는 서로 [   ].

2) 길이가 같은 두 현은 원의 중심으로부터 [   ] 거리에 있다.

04 원의 접선의 길이

(1) 원의 접선의 길이

원의 외부에 있는 한 점에서 그 원에 그은 접선의 접점까지의 거리

┗━▶ 즉, $\overline{PA}$ 또는 $\overline{PB}$

(2) 원의 접선의 성질

원의 외부에 있는 한 점에서 그 원에 2개의 접선을 그을 수 있고,

이때 두 접선의 길이는 서로 같다. 즉, $\overline{PA}=\overline{PB}$

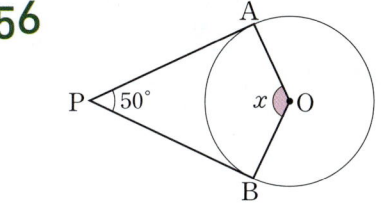

두 삼각형 POA, PBO는 직각삼각형

이므로 $\angle a + \angle b = 180°$

유형09 두 접선이 이루는 각의 크기 구하기

[53~58] 그림과 같이 두 직선 PA, PB가 원 O의 접선일 때, $\angle x$의 크기를 구하여라.

53

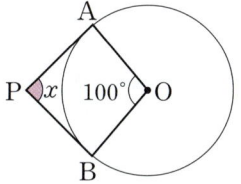

답 _____

해 $\angle OAP = \angle OBP = \boxed{}$ 이므로

$\angle x = 360° - (\boxed{} + \boxed{} + 100°) = \boxed{}$

54

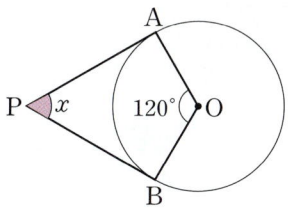

답 _____

55

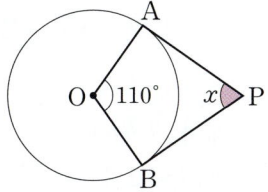

답 _____

56

답 _____

57

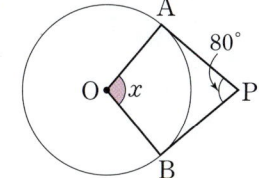

답 _____

58

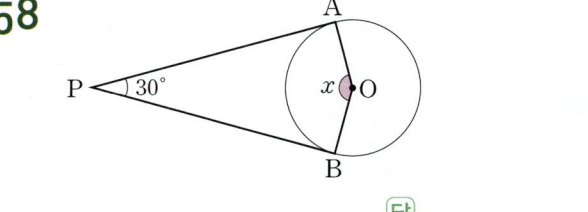

답 _____

* 정답 및 해설 p. 16

유형10 접선의 길이 구하기

[59~62] 그림과 같이 직선 **PT**가 원 O의 접선이고 점 **T**는 접점일 때, x의 값을 구하여라.

59

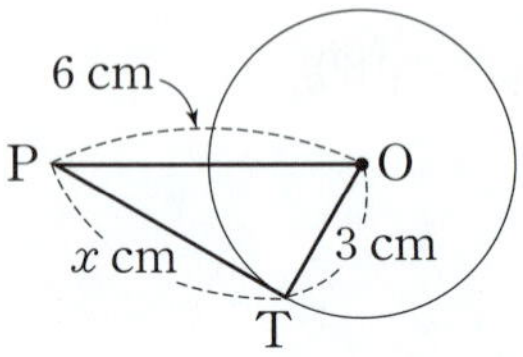
6 cm
P
O
x cm
3 cm
T

답

해 직각삼각형 OPT에서 $6^2=\square^2+x^2$

$x^2=\square$ $\therefore x=\square$

60

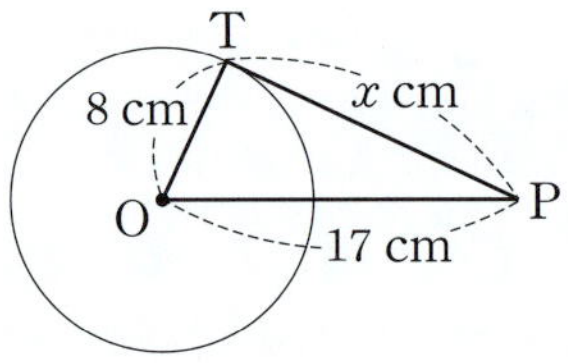
T
8 cm
x cm
O
P
17 cm

답

61

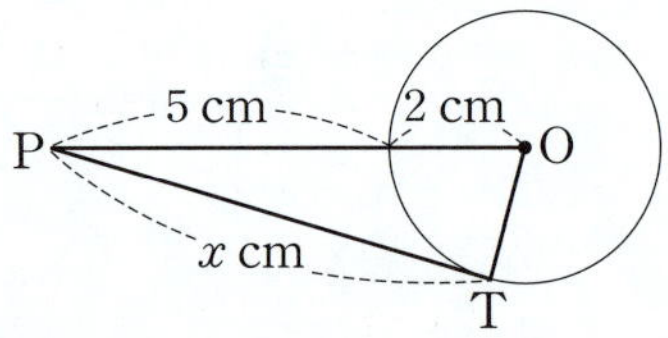
P
5 cm
2 cm
O
x cm
T

답

62

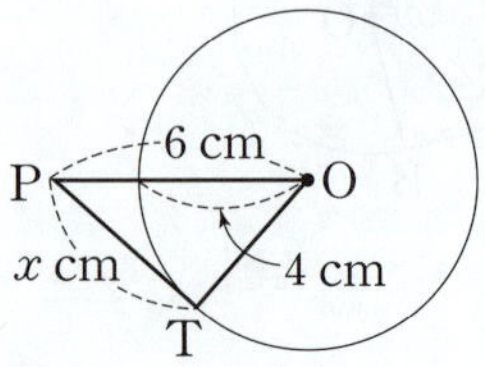
P
6 cm
O
x cm
4 cm
T

답

유형11 접선의 길이의 활용

[63~65] 그림과 같이 직선 **PT**가 원 O의 접선이고 점 **T**는 접점일 때, 삼각형 **OPT**의 넓이를 구하여라.

63

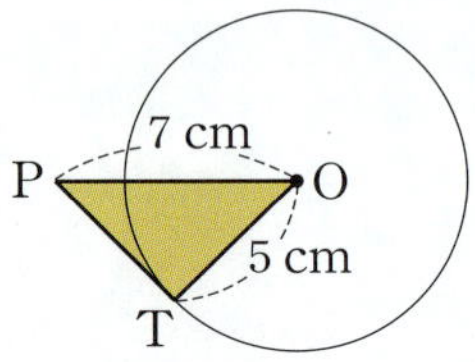
7 cm
P
O
5 cm
T

답 cm²

해 $\overline{PT}=\sqrt{7^2-5^2}=\sqrt{\square}=\square$(cm)

$\therefore \triangle OPT=\frac{1}{2}\times\square\times5=\square(cm^2)$

64

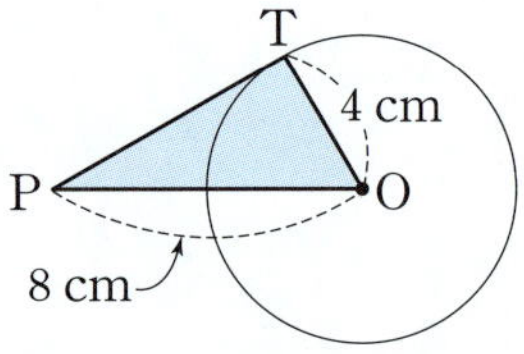
T
4 cm
P
O
8 cm

답 cm²

65

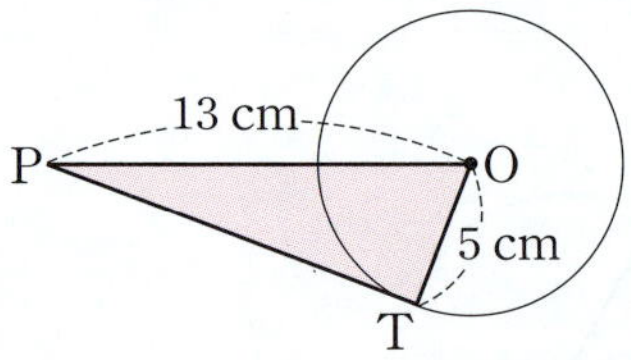
13 cm
P
O
5 cm
T

답 cm²

개념 체크

66 다음 빈칸에 알맞은 것을 써넣어라.

1) 원의 외부에 있는 한 점에서 그 원에 그은 접선의 접점까지의 거리를 [ ]라 한다.

2) 원의 외부에 있는 한 점에서 그 원에 [ ]개의 접선을 그을 수 있고, 이때 두 접선의 길이는 서로 [ ].

05 삼각형의 내접원

반지름의 길이가 r인 원 O가 삼각형 ABC에 내접하고 세 점 D, E, F가 접점일 때,

(1) $\overline{AD}=\overline{AF}$, $\overline{BD}=\overline{BE}$, $\overline{CE}=\overline{CF}$

(2) 삼각형 ABC의 둘레의 길이를 l이라 하면

$$l=a+b+c=2(x+y+z)$$ → 원 밖의 한 점에서 원에 그은 두 접선의 길이는 서로 같음을 이용

(3) $\triangle ABC=\dfrac{1}{2}r(a+b+c)$

└→ $\triangle ABC=\triangle OAB+\triangle OBC+\triangle OCA$임을 이용

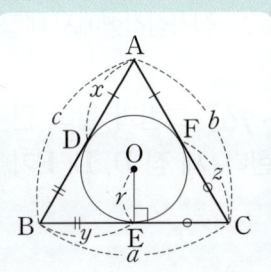

09 DAY

유형12 삼각형의 내접원에서 접선의 길이 구하기

[67~69] 그림과 같이 원 O가 삼각형 ABC에 내접한다. 세 점 D, E, F가 접점일 때, x의 값을 구하여라.

67

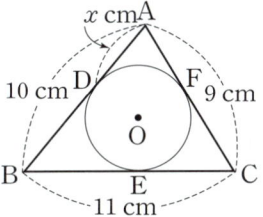

답 _____

해 $\overline{BE}=\overline{BD}=(10-x)$ cm,

$\overline{CE}=\overline{CF}=(\boxed{}-x)$ cm이므로

$(10-x)+(\boxed{}-x)=11$ ∴ $x=\boxed{}$

68

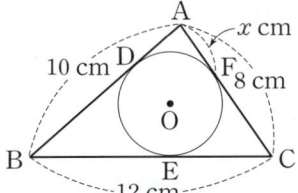

답 _____

69

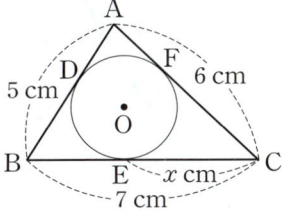

답 _____

[70~72] 그림과 같이 원 O가 삼각형 ABC에 내접한다. 세 점 D, E, F가 접점일 때, $x+y+z$의 값을 구하여라.

70

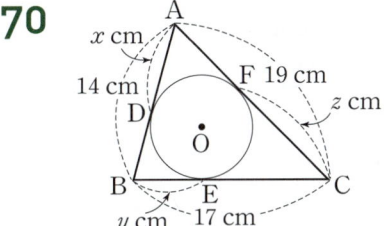

답 _____

해 $x+y+z=\dfrac{1}{2}(\overline{AB}+\overline{BC}+\boxed{})$

$=\dfrac{1}{2}\times(14+17+\boxed{})=\boxed{}$

71

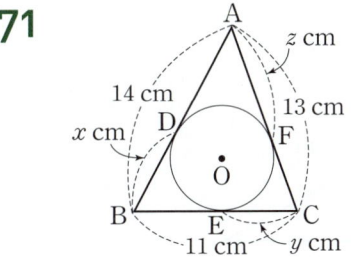

답 _____

72

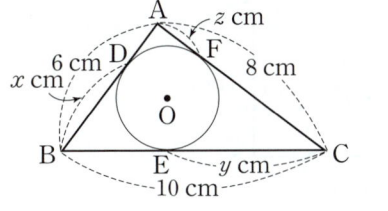

답 _____

유형13　직각삼각형에서 내접원의 반지름의 길이 구하기

[73~76] 그림과 같이 원 O가 직각삼각형 ABC에 내접한다. 세 점 D, E, F가 접점일 때, r의 값을 구하여라.

73
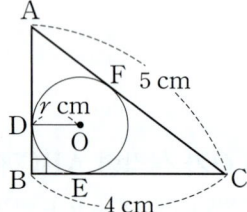

답

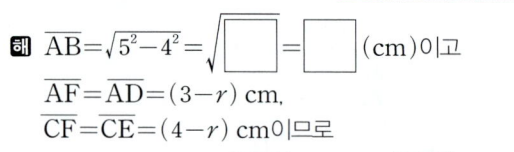
해 $\overline{AB}=\sqrt{5^2-4^2}=\sqrt{\boxed{}}=\boxed{}$ (cm)이고
$\overline{AF}=\overline{AD}=(3-r)$ cm,
$\overline{CF}=\overline{CE}=(4-r)$ cm이므로
$(3-r)+(4-r)=\boxed{}$　∴ $r=\boxed{}$

74
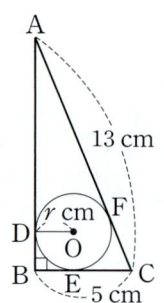

답

75
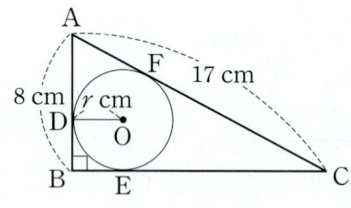

답

76
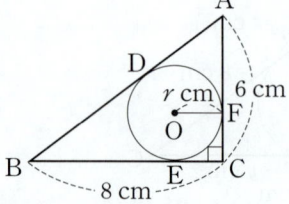

답

[77~79] 그림과 같이 원 O가 직각삼각형 ABC에 내접한다. 세 점 D, E, F가 접점일 때, 원 O의 넓이를 구하여라.

77
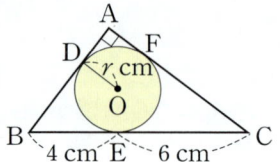

답　　　　cm²

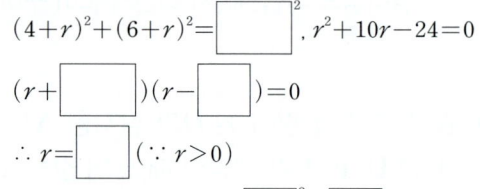
해 $\overline{AB}=(4+r)$ cm, $\overline{AC}=(6+r)$ cm이므로
$(4+r)^2+(6+r)^2=\boxed{}^2$, $r^2+10r-24=0$
$(r+\boxed{})(r-\boxed{})=0$
∴ $r=\boxed{}$ ($\because r>0$)
∴ (원 O의 넓이)$=\pi\times\boxed{}^2=\boxed{}\pi$(cm²)

78
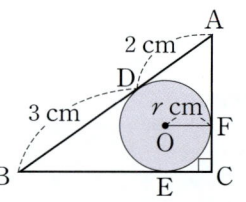

답　　　　cm²

79
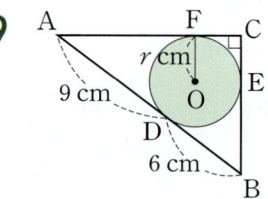

답　　　　cm²

개념 체크
80　다음 빈칸에 알맞은 것을 써넣어라.

반지름의 길이가 r인 원 O가 삼각형 ABC에 내접하고 세 점 D, E, F가 접점일 때,

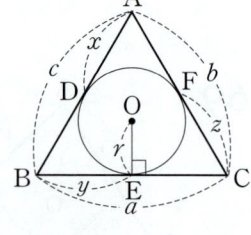

1) $\overline{AD}=[\quad]$
　$\overline{BD}=[\quad]$
　$\overline{CE}=[\quad]$

2) 삼각형 ABC의 둘레의 길이는
　$a+b+c=[\quad\quad]$

3) $\triangle ABC=[\quad\quad]$

06 외접사각형의 성질

(1) 원에 외접하는 사각형의 두 쌍의 대변의 길이의 합은 서로 같다.

즉, $\overline{AB}+\overline{DC}=\overline{AD}+\overline{BC}$

참고 원 밖의 한 점에서 그은 두 접선의 길이가 같으므로

$\overline{AE}=\overline{AH}$, $\overline{BE}=\overline{BF}$, $\overline{CF}=\overline{CG}$, $\overline{DG}=\overline{DH}$

$\therefore \overline{AB}+\overline{DC}=(\overline{AE}+\overline{BE})+(\overline{DG}+\overline{CG})$

$=(\overline{AH}+\overline{BF})+(\overline{DH}+\overline{CF})$

$=(\overline{AH}+\overline{DH})+(\overline{BF}+\overline{CF})$

$=\overline{AD}+\overline{BC}$

(2) 두 쌍의 대변의 길이의 합이 같은 사각형은 원에 외접한다.

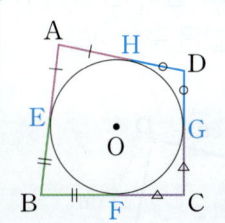

09 DAY

유형14 외접사각형에서 변의 길이 구하기

[81~87] 그림과 같이 원 O가 사각형 ABCD의 내접원일 때, x의 값을 구하여라.

81

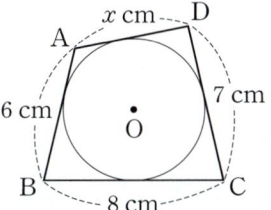

답 _____

해 $\overline{AB}+\overline{DC}=\overline{AD}+\overline{BC}$이므로

$6+\boxed{}=x+\boxed{}$　　$\therefore x=\boxed{}$

82

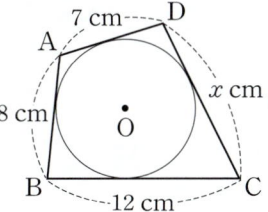

답 _____

83

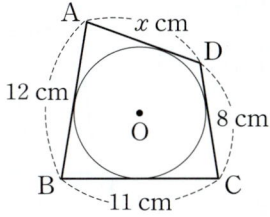

답 _____

84

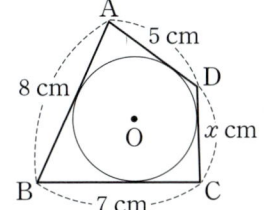

답 _____

85

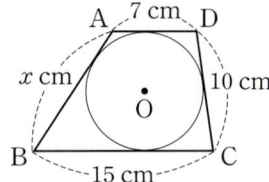

답 _____

86

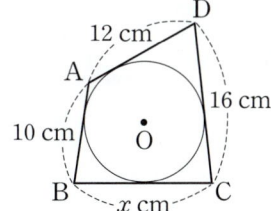

답 _____

87

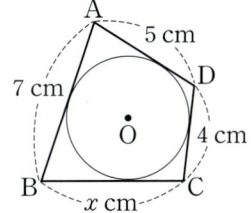

답 _____

[88~91] 그림과 같이 원 O가 사각형 ABCD의 내접원일 때, x의 값을 구하여라.

88

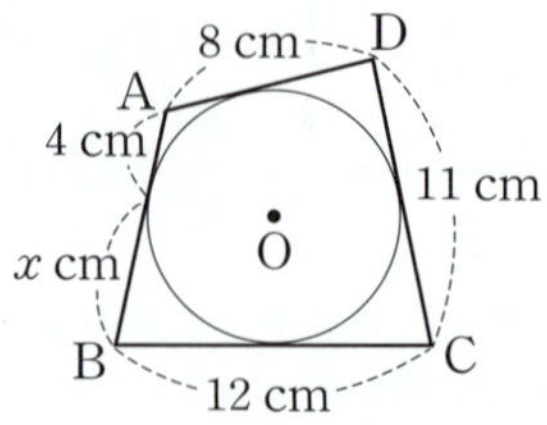

8 cm — D
A
4 cm
x cm ·O 11 cm
B
12 cm   C

답 _____

해 $\overline{AB}+\overline{DC}=\overline{AD}+\overline{BC}$이므로

$(4+x)+\boxed{}=8+\boxed{}$ ∴ $x=\boxed{}$

89

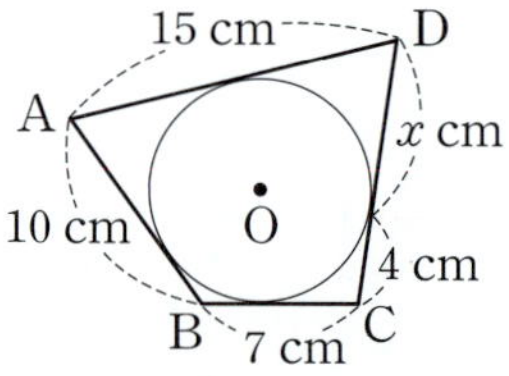

15 cm — D
A
x cm
10 cm ·O
B 7 cm C 4 cm

답 _____

90

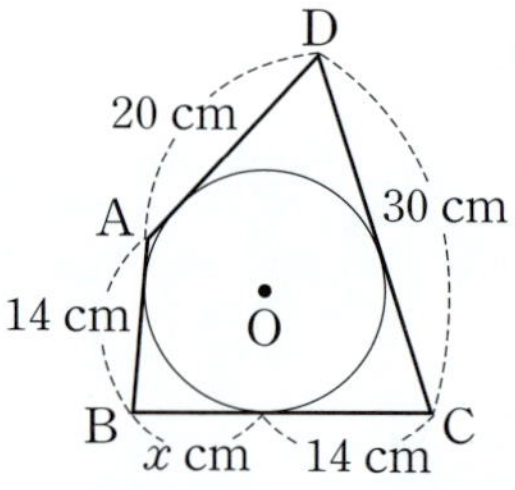

D
20 cm
A 30 cm
14 cm ·O
B x cm 14 cm C

답 _____

91

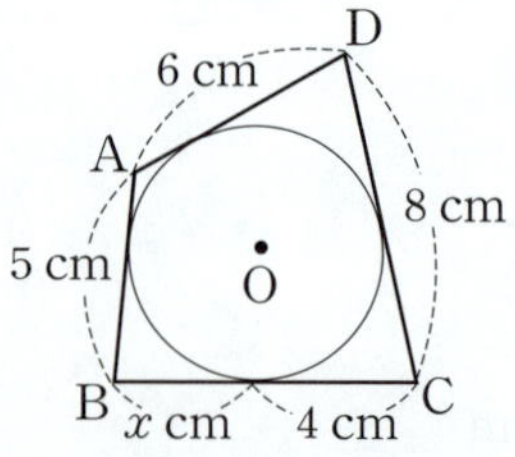

6 cm D
A
8 cm
5 cm ·O
B x cm 4 cm C

답 _____

[92~94] 그림과 같이 직사각형 ABCD의 세 변과 접하는 원 O가 있다. 선분 DE가 원 O의 접선일 때, x의 값을 구하여라.

92

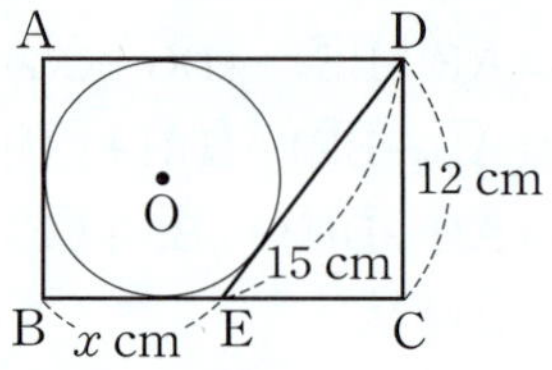

A   D
·O   12 cm
15 cm
B x cm E C

답 _____

해 $\overline{EC}=\sqrt{15^2-12^2}=\sqrt{\boxed{}}=\boxed{}$ (cm)

$\overline{AD}=\overline{BC}=(x+\boxed{})$ cm

사각형 ABED에서 $12+15=(x+\boxed{})+x$

∴ $x=\boxed{}$

93

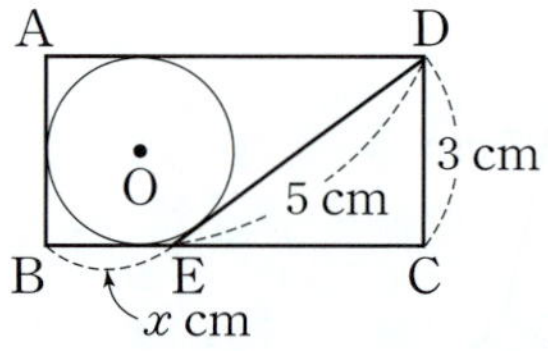

A   D
·O   3 cm
5 cm
B E C
x cm

답 _____

94

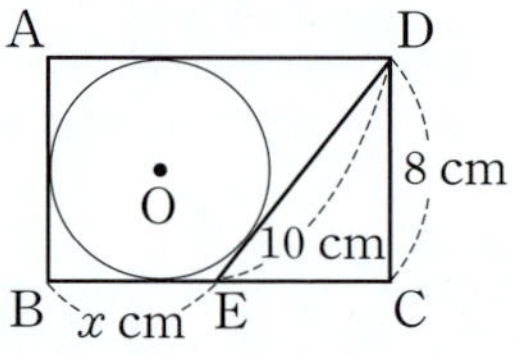

A   D
·O   8 cm
10 cm
B x cm E C

답 _____

개념 체크

95 다음 빈칸에 알맞은 것을 써넣어라.

1) 원에 외접하는 사각형의 두 쌍의 대변의 길이의 합은 서로 [　　　]. 즉,
$\overline{AB}+\overline{DC}=$[　　　　]

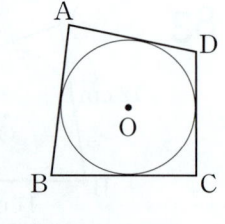

2) 두 쌍의 대변의 길이의 합이 같은 사각형은 원에 [　　　]한다.

Ⅵ-2 원주각

07 원주각과 중심각의 크기

(1) 원 O에서 호 AB를 제외한 원 위의 한 점을 P라 할 때,
∠APB를 호 AB에 대한 **원주각**이라 한다.

(2) 원주각과 중심각의 크기

한 원에서 한 호에 대한 원주각의 크기는 그 호에 대한

중심각의 크기의 $\frac{1}{2}$이다.

즉, $∠APB=\frac{1}{2}∠AOB$

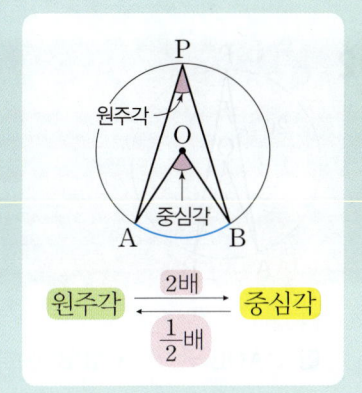

10 DAY

유형15 원주각과 중심각의 크기 구하기

[96~101] 그림과 같은 원 O에서 ∠x의 크기를 구하여라.

96

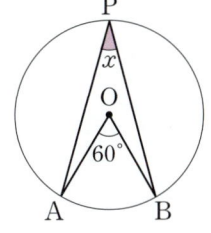

답 _____

해 ∠APB= □ ∠AOB이므로

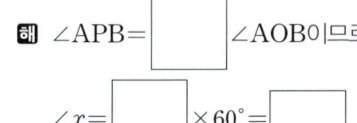

∠x= □ ×60°= □

97

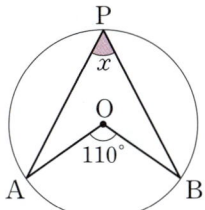

답 _____

98

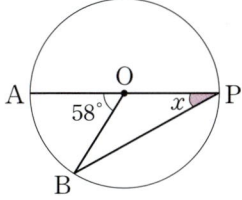

답 _____

99

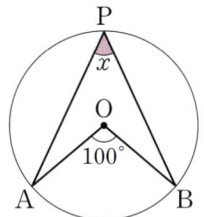

답 _____

100

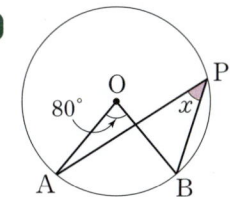

답 _____

101

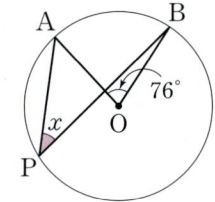

답 _____

[102~105] 그림과 같은 원 O에서 $\angle x$의 크기를 구하여라.

102

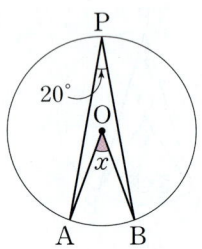

답 _____

해 $\angle AOB = \boxed{} \angle APB$이므로

$\angle x = \boxed{} \times 20° = \boxed{}$

103

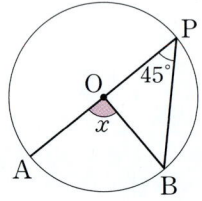

답 _____

104

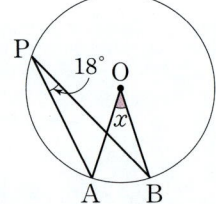

답 _____

105

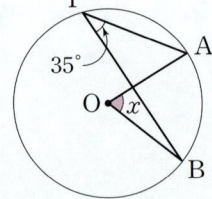

답 _____

유형16 원주각과 중심각의 크기의 활용 – 부채꼴의 넓이

[106~109] 그림과 같은 원 O에서 부채꼴 AOB의 넓이를 구하여라.

106

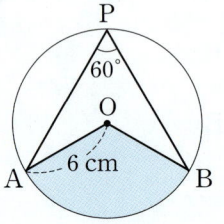

답 _____ cm²

해 $\angle AOB = \boxed{} \angle APB = \boxed{}$이므로

(부채꼴 AOB의 넓이)

$= \pi \times 6^2 \times \dfrac{\boxed{}}{360} = \boxed{}$ (cm²)

107

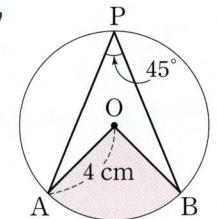

답 _____ cm²

108

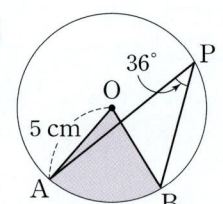

답 _____ cm²

109

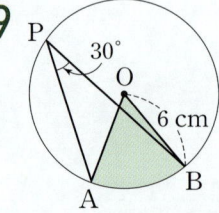

답 _____ cm²

10 DAY

유형17 원의 접선을 이용한 원주각의 크기 구하기

[110~116] 그림과 같이 두 직선 PA, PB가 원 O의 접선일 때, ∠**x**의 크기를 구하여라.

110

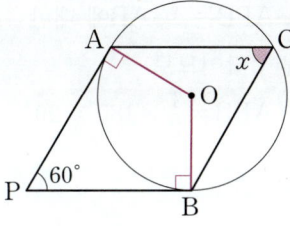

답 _____

[해] ∠PAO=∠PBO=90°이므로

∠AOB= ☐

∴ ∠x=$\frac{1}{2}$∠AOB=$\frac{1}{2}$× ☐ = ☐

111

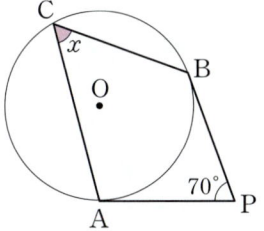

답 _____

112

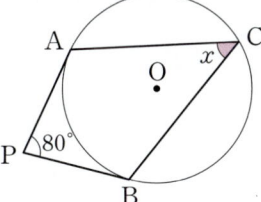

답 _____

113

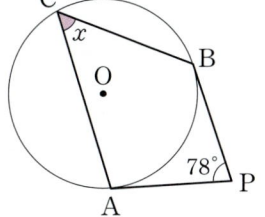

답 _____

114

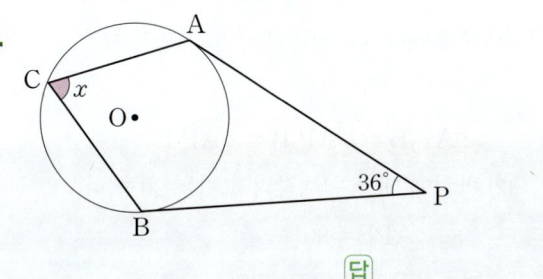

답 _____

115

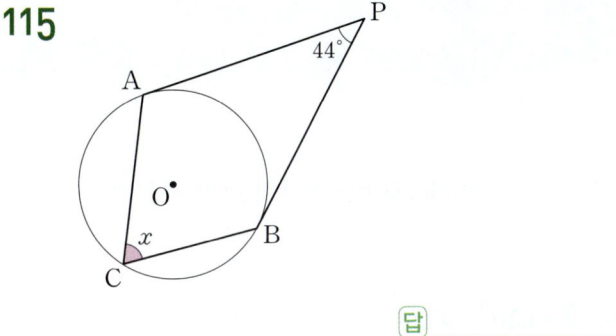

답 _____

116

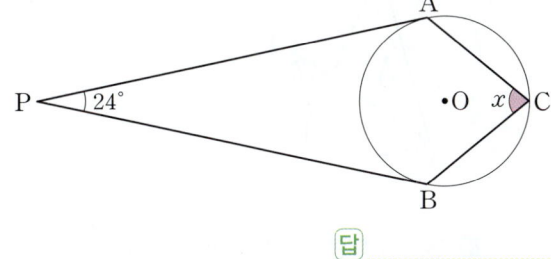

답 _____

개념 체크

117 다음 빈칸에 알맞은 것을 써넣어라.

1) 원 O에서 호 AB를 제외한 원 위의 한 점을 P라 할 때, [　　　]를 호 AB에 대한 원주각이라 한다.

2) 한 원에서 한 호에 대한 원주각의 크기는 그 호에 대한 중심각의 크기의 [　　　]이다. 즉,

∠APB=[　　　]∠AOB

08 원주각의 성질

(1) 한 원에서 한 호에 대한 원주각의 크기는 모두 같다. 즉,

$$\angle AP_1B = \angle AP_2B = \angle AP_3B$$

(2) 반원에 대한 원주각의 크기는 90°이다.

즉, $\angle APB = 90°$

참고 반원에 대한 중심각의 크기, 즉
$\angle AOB = 180°$이므로 원주각의 크기는
$\dfrac{1}{2} \times 180° = 90°$이다.

→ 원의 중심을 O라 할 때, 이 원주각의 크기는 $\dfrac{1}{2}\angle AOB$이다.

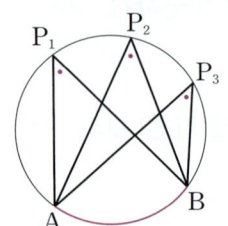

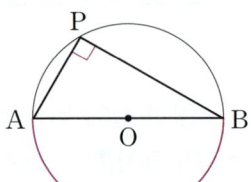

$\angle AP_1B$, $\angle AP_2B$, $\angle AP_3B$는 호 AB에 대한 원주각이므로

$\angle AP_1B = \angle AP_2B = \angle AP_3B$

$\angle APB$는 호 AB에 대한 원주각이므로

$\angle APB = \dfrac{1}{2} \times 180° = 90°$

유형18 한 호에 대한 원주각의 크기 구하기

[118~120] 그림과 같은 원 O에서 $\angle x$의 크기를 구하여라.

118

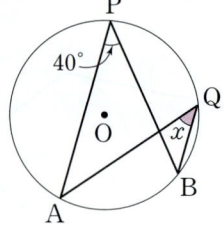

답 _____

해 한 호에 대한 원주각의 크기는 모두 같고,

$\angle APB$, $\angle AQB$는 호 [   ]에 대한 원주각이므로

$\angle x = \angle APB = $ [   ]

119

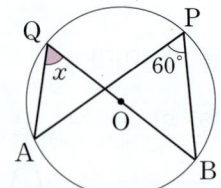

답 _____

120

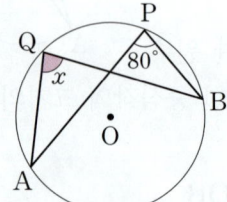

답 _____

[121~123] 그림과 같은 원 O에서 $\angle x + \angle y$의 크기를 구하여라.

121

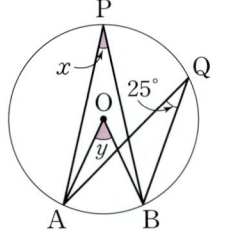

답 _____

해 $\angle x =$ [   ], $\angle y = 2 \times$ [   ] $=$ [   ]

∴ $\angle x + \angle y =$ [   ]

122

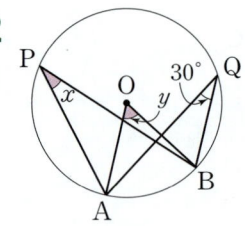

답 _____

123

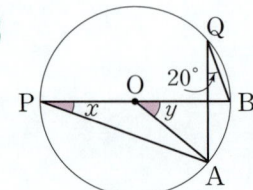

답 _____

유형19 반원에 대한 원주각의 크기 구하기

[124~127] 그림과 같이 선분 **AB**가 원 **O**의 지름일 때, ∠**x**의 크기를 구하여라.

124

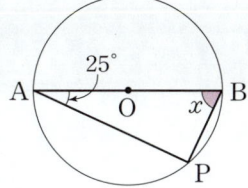

답 _____

해 선분 AB가 원 O의 지름이므로 ∠APB=☐

직각삼각형 APB에서

∠x=180°−(25°+☐)=☐

125

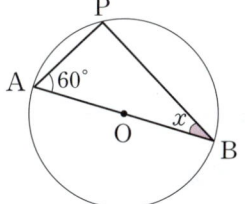

답 _____

126

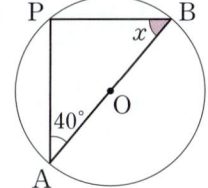

답 _____

127

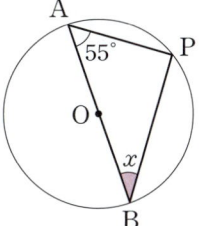

답 _____

[128~130] 그림과 같이 선분 **AB**가 원 **O**의 지름일 때, ∠**x**의 크기를 구하여라.

128

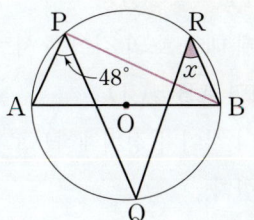

답 _____

해 삼각형 ABP에서 ∠APB=☐ 이므로

∠QPB=☐−48°=☐

이때, ∠QPB, ∠QRB는 호 ☐에 대한

원주각이므로 ∠x=∠QPB=☐

129

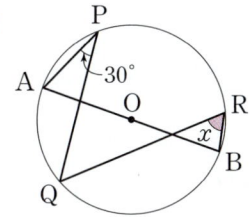

답 _____

130

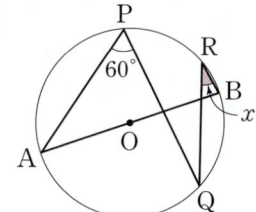

답 _____

개념 체크

131 다음 빈칸에 알맞은 것을 써넣어라.

1) 한 원에서 한 호에 대한 원주각의 크기는 모두
[   ].

2) 반원에 대한 원주각의 크기는 [   ]이다.

10 DAY

09 원주각의 크기와 호의 길이

한 원 또는 합동인 두 원에서

(1) 길이가 같은 호에 대한 원주각의 크기는 서로 같다. 즉,

$\widehat{AB}=\widehat{CD}$이면 $\angle APB=\angle CQD$

(2) 크기가 같은 원주각에 대한 호의 길이는 서로 같다. 즉,

$\angle APB=\angle CQD$이면 $\widehat{AB}=\widehat{CD}$

(3) 중심각의 크기와 호의 길이가 정비례하므로 원주각의 크기와

호의 길이도 정비례한다.

[참고] 호 AB의 길이가 원주의 길이의 $\dfrac{1}{n}$일 때, (호 AB의 원주각의 크기)$=180°\times\dfrac{1}{n}$

[주의] 원주각의 크기와 현의 길이는 정비례하지 않는다.

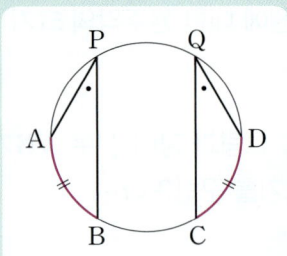

유형20 길이가 같은 호에 대한 원주각의 크기 구하기

[132~134] 그림과 같은 원 O에서 $\angle x$의 크기를 구하여라.

132

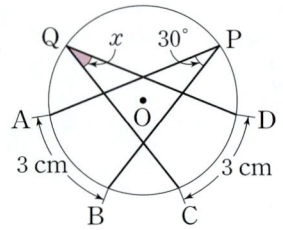

답 _____

[해] $\widehat{AB}=\widehat{CD}$이므로 $\angle x=\angle APB=$ ▢

133

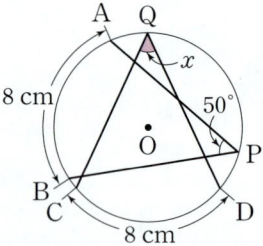

답 _____

134

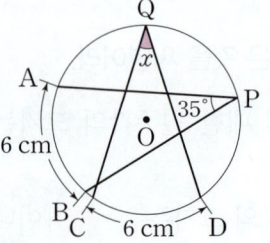

답 _____

[135~137] 그림과 같은 원 O에서 $\angle x$의 크기를 구하여라.

135

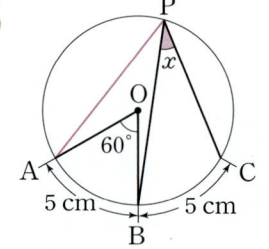

답 _____

[해] $\widehat{AB}=\widehat{BC}$이므로

$\angle x=\angle APB=$ ▢ $\angle AOB=$ ▢

136

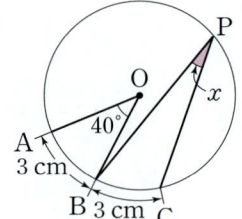

답 _____

137

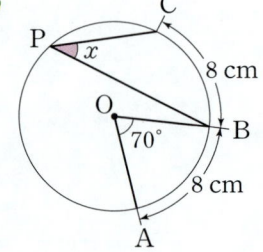

답 _____

유형21 두 호의 길이에 대한 원주각의 크기 구하기

[138~141] 그림과 같은 원 O에서
$\overset{\frown}{AB} : \overset{\frown}{CD} = 1 : 3$일 때, ∠$x$의 크기를 구하여라.

138

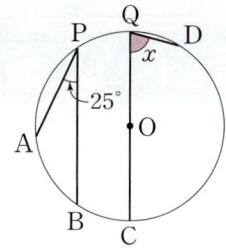

답 _____

해 $1 : 3 = \boxed{} : ∠x$

  ∴ ∠$x = \boxed{}$

139

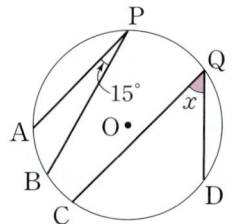

답 _____

140

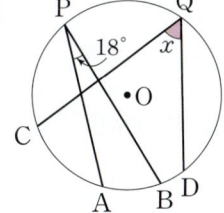

답 _____

141

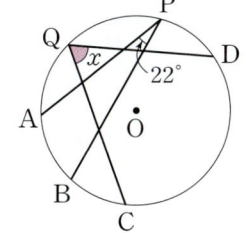

답 _____

[142~145] 그림과 같은 원 O에서 ∠x의 크기를 구하여라.

142

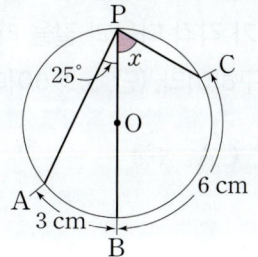

답 _____

해 $3 : \boxed{} = \boxed{} : ∠x$

  ∴ ∠$x = \boxed{}$

143

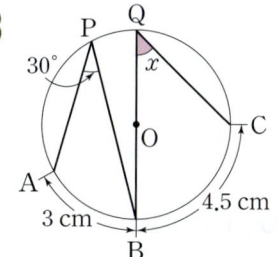

답 _____

144

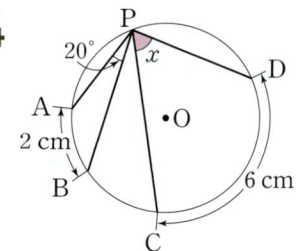

답 _____

145

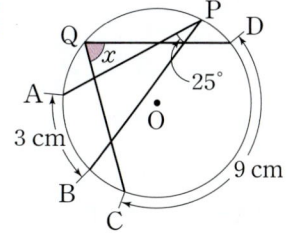

답 _____

유형22 세 호의 길이에 대한 원주각의 크기 구하기

[146~150] 그림과 같이 원 O에 내접한 삼각형 ABC에 대하여 호의 길이가 각각 다음과 같을 때, $\angle A$, $\angle B$의 크기를 각각 구하여라. (단, $x > 0$이다.)

146 $\widehat{AB}=x$, $\widehat{BC}=3x$, $\widehat{CA}=5x$

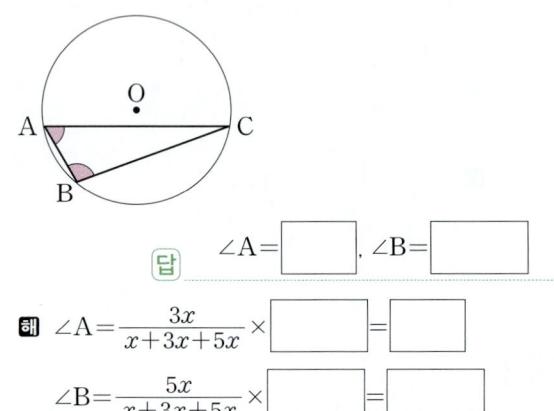

답 $\angle A=\boxed{}$, $\angle B=\boxed{}$

해 $\angle A=\dfrac{3x}{x+3x+5x}\times\boxed{}=\boxed{}$

$\angle B=\dfrac{5x}{x+3x+5x}\times\boxed{}=\boxed{}$

147 $\widehat{AB}=4x$, $\widehat{BC}=3x$, $\widehat{CA}=2x$

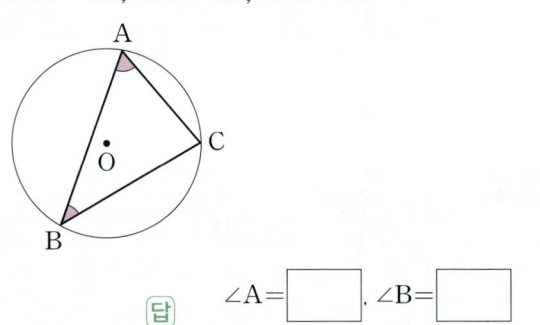

답 $\angle A=\boxed{}$, $\angle B=\boxed{}$

148 $\widehat{AB}=5x$, $\widehat{BC}=4x$, $\widehat{CA}=3x$

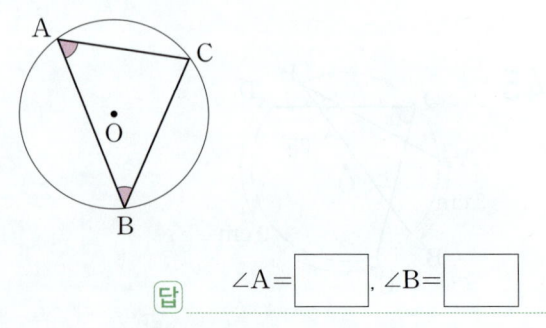

답 $\angle A=\boxed{}$, $\angle B=\boxed{}$

149 $\widehat{AB}=9x$, $\widehat{BC}=4x$, $\widehat{CA}=5x$

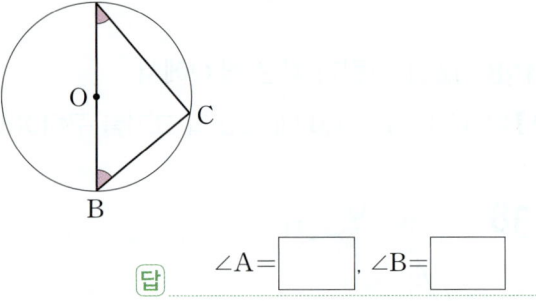

답 $\angle A=\boxed{}$, $\angle B=\boxed{}$

150 $\widehat{AB}=2x$, $\widehat{BC}=3x$, $\widehat{CA}=7x$

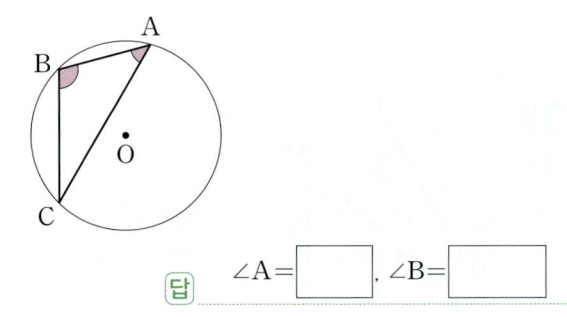

답 $\angle A=\boxed{}$, $\angle B=\boxed{}$

개념 체크

151 다음 빈칸에 알맞은 것을 써넣어라.

한 원 또는 합동인 두 원에서

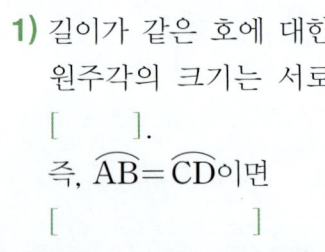 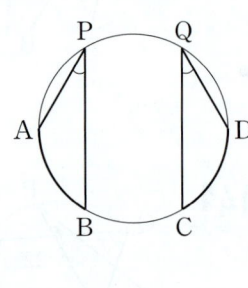

1) 길이가 같은 호에 대한 원주각의 크기는 서로 [　　]. 즉, $\widehat{AB}=\widehat{CD}$이면 [　　　　]

2) 크기가 같은 원주각에 대한 호의 길이는 서로 [　　]. 즉, $\angle APB=\angle CQD$이면 [　　　　]

3) 중심각의 크기와 호의 길이가 [　　]하므로 원주각의 크기와 호의 길이도 [　　]한다.

10 네 점이 한 원 위에 있을 조건

두 점 C, D가 직선 AB에 대하여 같은 쪽에 있을 때,

(1) ∠ACB=∠ADB이면 네 점 A, B, C, D는 한 원 위에 있다.

> 참고 점 D가 원의 내부에 있으면 ∠ACB<∠ADB
>
> 점 D가 원의 외부에 있으면 ∠ACB>∠ADB

(2) 네 점 A, B, C, D가 한 원 위에 있으면 ∠ACB=∠ADB이다.

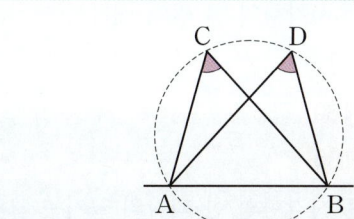

∠ACB, ∠ADB는 호 AB에 대한 원주각이므로 네 점 A, B, C, D는 한 원 위에 위치한다.

유형23 한 원 위에 있는 네 점 찾기

[152~156] 주어진 그림에서 네 점 A, B, C, D가 한 원 위에 있는 것에는 ○표, 아닌 것에는 ×표를 하여라.

152

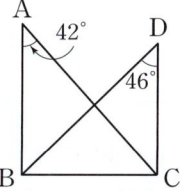

답 _____

해 ∠BAC≠∠BDC이므로 네 점 A, B, C, D는 한 원 위에 (있다, 있지 않다).

153

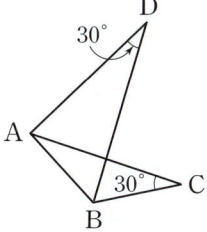

답 _____

154

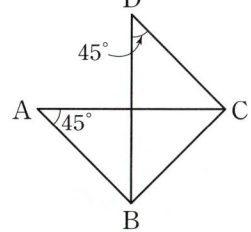

답 _____

155

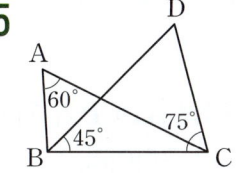

답 _____

156

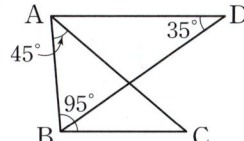

답 _____

개념 체크

157 다음 빈칸에 알맞은 것을 써넣어라.

두 점 C, D가 직선 AB에 대하여 같은 쪽에 있을 때,

1) ∠ACB=[   ]이면 네 점 A, B, C, D는 한 원 위에 있다.

2) 네 점 A, B, C, D가 한 원 위에 있으면 ∠ACB=[   ]이다.

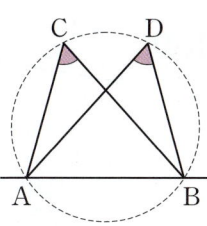

11 원에 내접하는 사각형의 성질

(1) 원에 내접하는 사각형의 한 쌍의 대각의 크기의 합 (마주보고 있는 각)
은 180°이다. 즉,

$\angle A + \angle C = 180°$

$\angle B + \angle D = 180°$

(2) 원에 내접하는 사각형의 한 외각의 크기는 그와 이웃한 내각에 대한 대각의 크기와 같다. 즉,

$\angle DCE = \angle A$

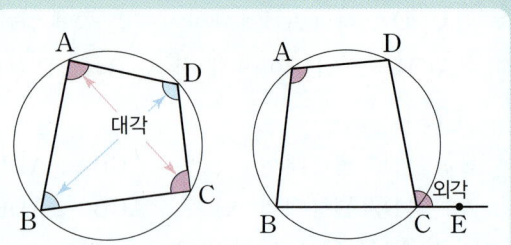

유형24 원에 내접하는 사각형의 성질 – 대각

[158~160] 그림과 같이 사각형 **ABCD**가 원에 내접할 때, $\angle x$, $\angle y$의 크기를 각각 구하여라.

158
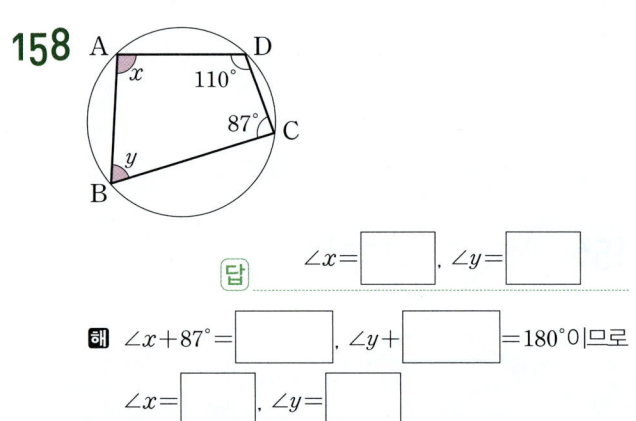

답 $\angle x = $ [ ] , $\angle y = $ [ ]

해 $\angle x + 87° = $ [ ] , $\angle y + $ [ ] $= 180°$이므로

$\angle x = $ [ ] , $\angle y = $ [ ]

159
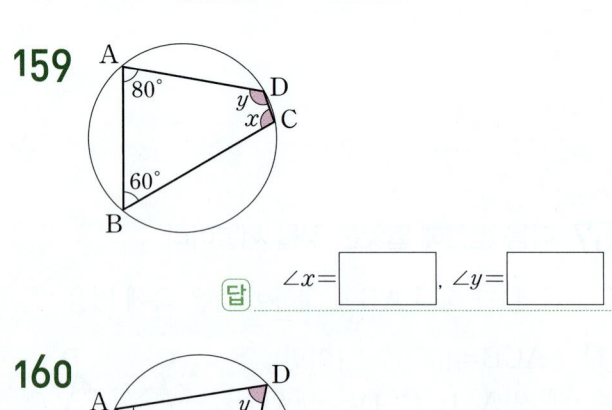

답 $\angle x = $ [ ] , $\angle y = $ [ ]

160
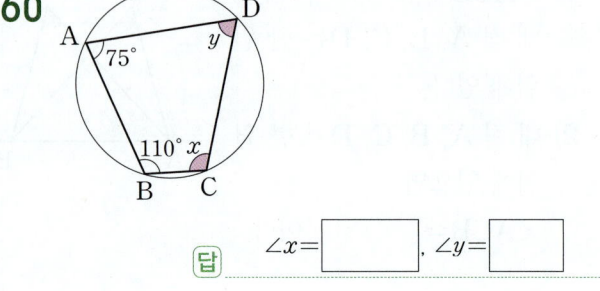

답 $\angle x = $ [ ] , $\angle y = $ [ ]

[161~163] 그림과 같이 사각형 **ABCD**가 원에 내접할 때, $\angle x$, $\angle y$의 크기를 각각 구하여라.

161
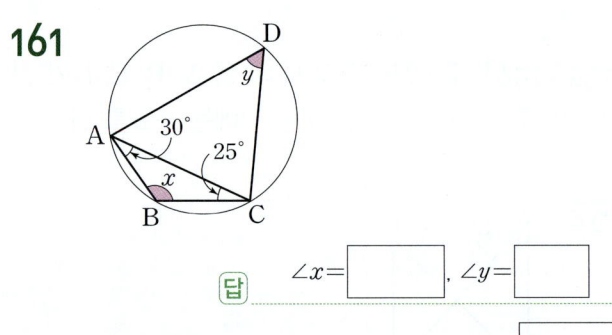

답 $\angle x = $ [ ] , $\angle y = $ [ ]

해 삼각형 ABC에서 $\angle x = 180° - (30° + 25°) = $ [ ]

$\angle y = 180° - \angle x = 180° - $ [ ] $= $ [ ]

162
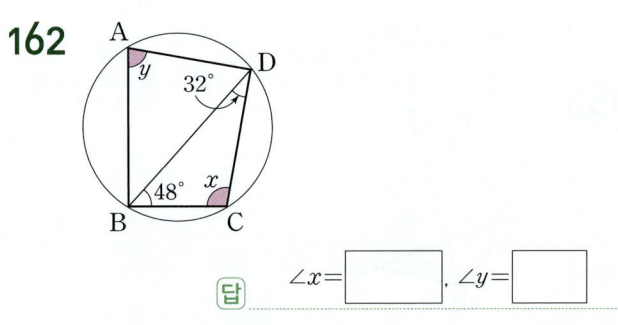

답 $\angle x = $ [ ] , $\angle y = $ [ ]

163
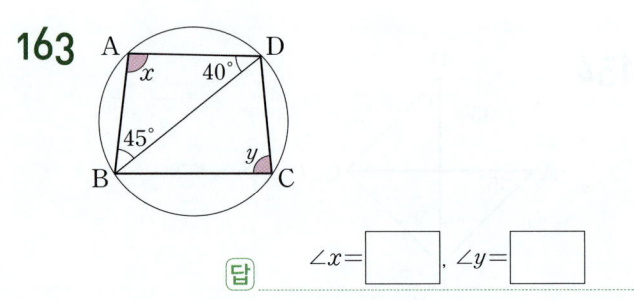

답 $\angle x = $ [ ] , $\angle y = $ [ ]

유형25 원에 내접하는 사각형의 성질 – 외각

[164~167] 그림과 같이 사각형 ABCD가 원에 내접할 때, ∠x의 크기를 구하여라.

164
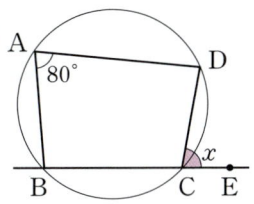

답 _____

해 원에 내접하는 사각형의 한 외각의 크기는 그와 이웃하는 내각에 대한 [_____]의 크기와 같으므로

∠x=∠A= [_____]

165
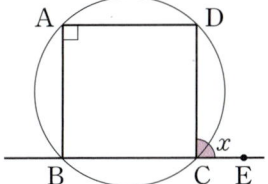

답 _____

166
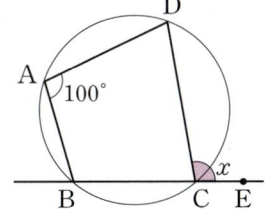

답 _____

167
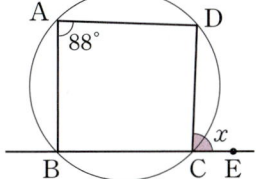

답 _____

[168~170] 그림과 같이 사각형 ABCD가 원에 내접할 때, ∠x의 크기를 구하여라.

168
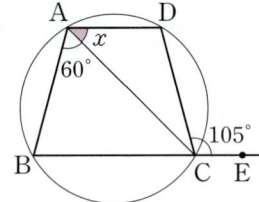

답 _____

해
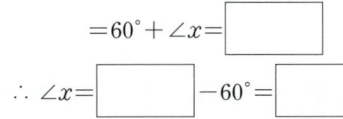

∠BAD=∠BAC+∠DAC

=60°+∠x= [_____]

∴ ∠x= [_____] −60°= [_____]

169
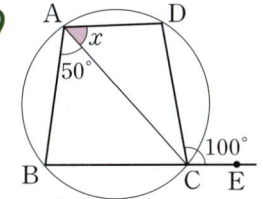

답 _____

170
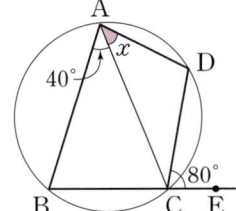

답 _____

개념 체크

171 다음 빈칸에 알맞은 것을 써넣어라.

1) 원에 내접하는 사각형의 한 쌍의 대각의 크기의 합은 [_____]이다.

2) 원에 내접하는 사각형의 한 외각의 크기는 그와 이웃한 내각에 대한 대각의 크기와 [_____].

11 DAY

12 사각형이 원에 내접하기 위한 조건

(1) 한 쌍의 대각의 크기의 합이 180°일 때, 즉 ∠A+∠BCD=180°
또는 ∠B+∠D=180°일 때, 사각형 ABCD는 원에 내접한다.

(2) 한 외각의 크기가 그와 이웃한 내각에 대한 대각의 크기와 같을 때,
즉 ∠A=∠DCE일 때, 사각형 ABCD는 원에 내접한다.

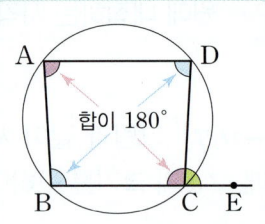

유형26 **원에 내접하는 사각형 찾기**

[172~177] 그림과 같은 사각형 ABCD가 원에 내접하는 것에는 ◯표, 내접하지 않는 것에는 ✕표를 하여라.

172

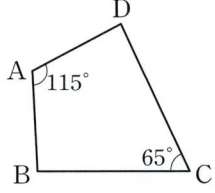

답 ....

해 ∠A+∠C=115°+65°= ⬚ 이므로
사각형 ABCD는 원에 내접(한다, 하지 않는다).

173

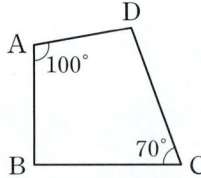

답 ....

174

답 ....

175

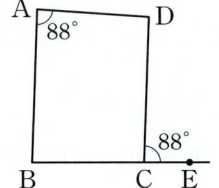

답 ....

해 ∠BAD ⬚ ∠DCE이므로 사각형 ABCD는 원에 내접(한다, 하지 않는다).

176

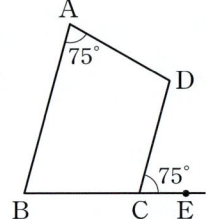

답 ....

177

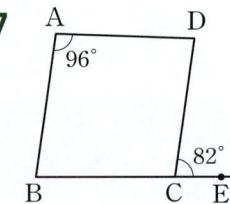

답 ....

[178~181] 주어진 그림에서 ∠x의 크기를 구하여라.

178

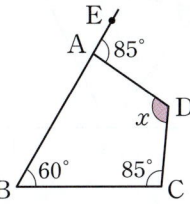

답 _____

179

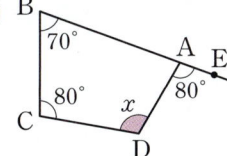

답 _____

180

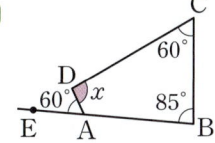

답 _____

181

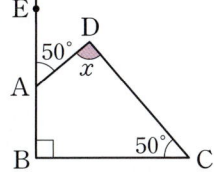

답 _____

유형27 사각형이 원에 내접하기 위한 조건과 원주각

[182~184] 주어진 그림에서 ∠BAD＝∠DCE일 때, ∠x의 크기를 구하여라.

182

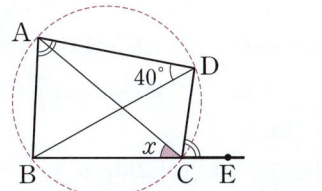

답 _____

해 ∠BAD＝∠DCE이므로 사각형 ABCD는 원에 내접한다. 이때, ∠ACB, ∠ADB는 호 [   ]에 대한 원주각이므로 ∠x＝∠ADB＝[   ]

183

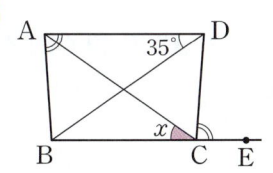

답 _____

184

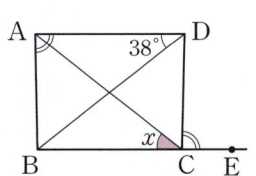

답 _____

개념 체크
185 다음 빈칸에 알맞은 것을 써넣어라.

1) 한 쌍의 대각의 크기의 합이 [   ]일 때,
   즉 ∠A＋∠C＝[   ] 또는
   ∠B＋∠D＝[   ]일 때,
   사각형 ABCD는 원에 내접한다.

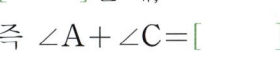

2) 한 외각의 크기가 그와 이웃한 내각에 대한 [   ]의 크기와 같을 때,
   즉 ∠A＝[   ]일 때,
   사각형 ABCD는 원에 내접한다.

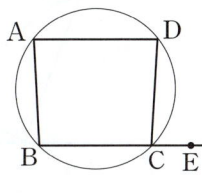

12 DAY

13 접선과 현이 이루는 각

(1) 접선과 현이 이루는 각

원의 접선과 그 접점을 지나는 현이 이루는 각의 크기는 그 각의 내부에 있는 호에 대한 원주각의 크기와 같다. 즉, ∠BAT의 크기와 호 AB에 대한 원주각 ∠ACB의 크기가 같다.

∠BAT = ∠BCA

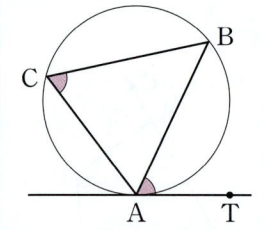

참고 그림과 같이 원 O의 지름 AC'을 그으면 ∠C'AT=∠C'CA=90°

이때, ∠BAT=90°−∠C'AB, ∠BCA=90°−∠C'CB이고,

∠C'AB=∠C'CB(∵ 호 C'B에 대한 원주각)이므로

∠BAT=∠BCA

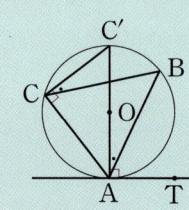

(2) 직선 AT가 원의 접선이 되기 위한 조건

∠BAT=∠BCA이면 직선 AT는 원의 접선이다.

유형28 접선과 현이 이루는 각에 대한 원주각

[186~191] 그림과 같이 직선 **AT**가 원 O의 접선일 때, ∠x의 크기를 구하여라.

186

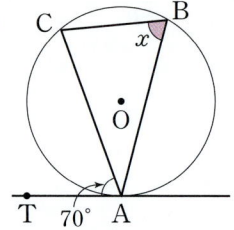

답 _____

해 ∠x=∠CAT= ☐

187

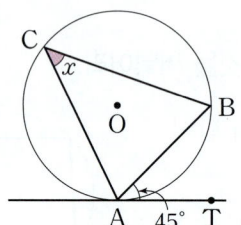

답 _____

188

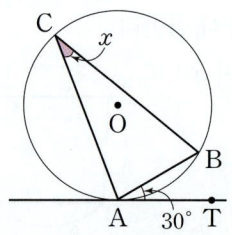

답 _____

189

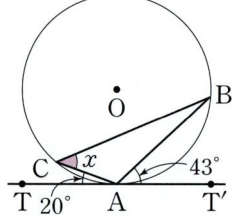

답 _____

190

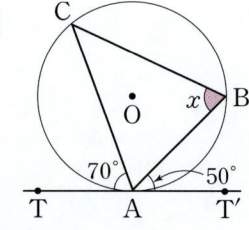

답 _____

191

답 _____

유형29 접선과 현이 이루는 각에 대한 중심각

[192~199] 그림과 같이 직선 **AT**가 원 **O**의 접선일 때, ∠x의 크기를 구하여라.

192

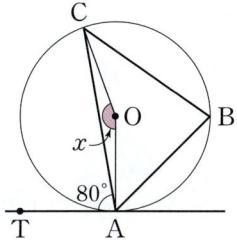

답 _____

🔢 ∠CBA=∠CAT= ☐ 이므로

∠x=2∠CBA=2× ☐ = ☐

193

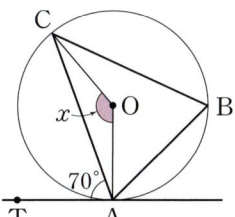

답 _____

194

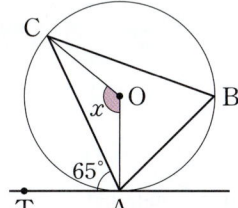

답 _____

195

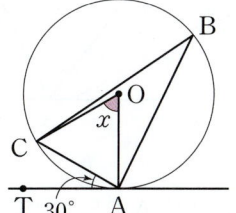

답 _____

196

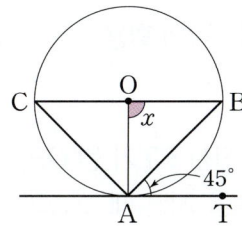

답 _____

197

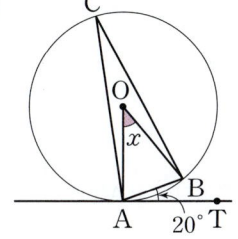

답 _____

198

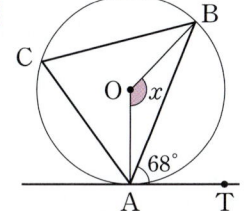

답 _____

199

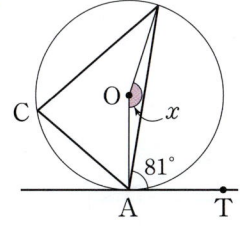

답 _____

12 DAY

＊정답 및 해설 pp. 22~23

유형30 접선과 현이 이루는 각의 활용

[200~202] 그림과 같이 직선 **PT**가 원 O의 접선이고 선분 **PB**가 원 O의 중심을 지날 때, $\angle x$의 크기를 구하여라.

200

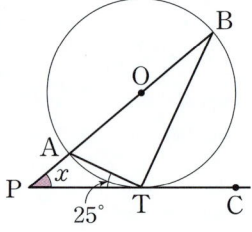

답 _____

해 선분 AB가 원 O의 지름이므로 $\angle$ATB=□

또, $\angle$ABT=$\angle$ATP=25°이므로 삼각형 PTB에서

$\angle x = 180° - (25° + □ + 25°) = □$

201

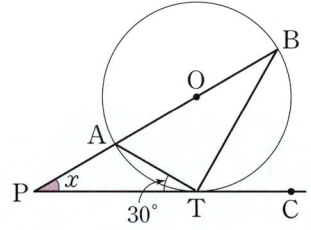

답 _____

202

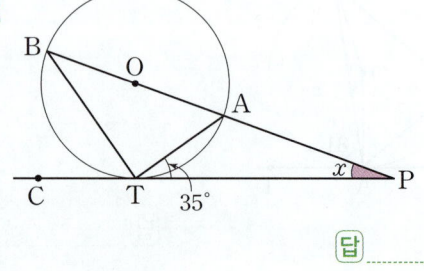

답 _____

[203~204] 그림과 같이 직선 **PT**가 원 O의 접선이고 선분 **PB**가 원 O의 중심을 지날 때, $\angle x$의 크기를 구하여라.

203

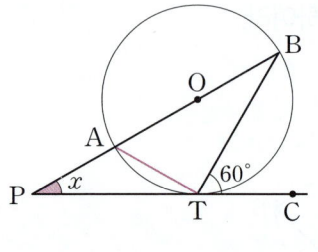

답 _____

해 보조선 AT를 그으면 선분 AB가 원 O의 지름이므로

$\angle$ATB=□

$\therefore \angle$ABT=$\angle$ATP

$= 180° - (60° + □) = □$

이때, $\angle$BTC는 삼각형 PTB의 한 외각이므로

$\angle x + \angle$PBT=$\angle$BTC에서

$\angle x = \angle$BTC $- \angle$PBT=60° $-$ □ $=$ □

204

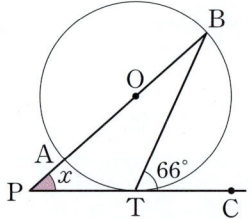

답 _____

개념 체크

205 다음 빈칸에 알맞은 것을 써넣어라.

1) 원의 접선과 그 접점을 지나는 현이 이루는 각의 크기는 그 각의 내부에 있는 호에 대한 [   ]의 크기와 같다. 즉,

$\angle$BAT=[   ]

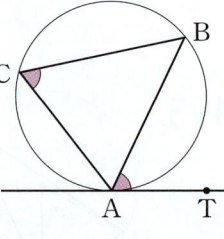

2) $\angle$BAT=$\angle$BCA이면 직선 AT는 원의 [   ]이다.

14 두 원에 공통인 접선과 현이 이루는 각

직선 PQ가 두 원의 공통인 접선이고 점 T가 그 접점일 때,

(1) 두 원이 외접할 때
  ① ∠A=∠BTQ=∠PTD=∠C
  ② $\overline{AB} /\!/ \overline{DC}$

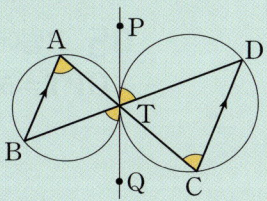

(2) 두 원이 내접할 때
  ① ∠A=∠BTQ=∠CDT
  ② $\overline{AB} /\!/ \overline{DC}$

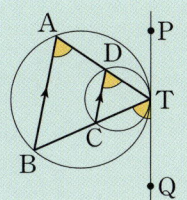

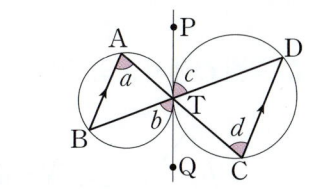

∠a=∠b, ∠c=∠d (접선과 현)

∠b=∠c (맞꼭지각)

이므로 ∠a=∠d

∴ $\overline{AB} /\!/ \overline{DC}$

12 DAY

두 원에 공통인 접선과 현이 이루는 각

[206~209] 그림과 같이 PQ가 두 원의 공통인 접선이고 점 T가 그 접점일 때, ∠x, ∠y의 크기를 각각 구하여라.

206

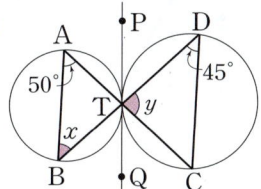

답 ∠x=☐, ∠y=☐

해 $\overline{AB}$ ☐ $\overline{DC}$ 이므로 ∠x=☐ 이고,

∠y=∠ATB=180°−(☐+☐)

=☐

207

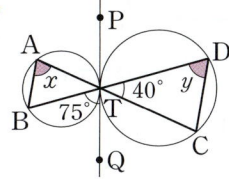

답 ∠x=☐, ∠y=☐

208

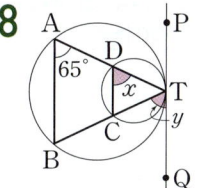

답 ∠x=☐, ∠y=☐

해 $\overline{AB}$ ☐ $\overline{DC}$ 이므로 ∠x=☐

∠y=∠x=☐

209

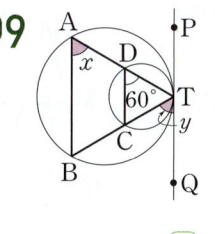

답 ∠x=☐, ∠y=☐

210 다음 빈칸에 알맞은 것을 써넣어라.

직선 PQ가 두 원의 공통인 [ ]이고 점 T가 그 접점일 때, 두 선분 [ ]와 [ ]는 서로 평행하다.

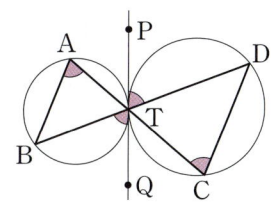
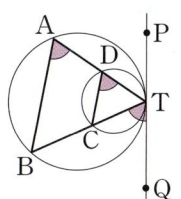

01 그림과 같은 원 O에서 x의 값은?

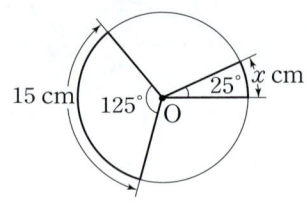

① 3　　　　② 4　　　　③ 5
④ 6　　　　⑤ 7

02 그림의 호 AB는 원의 일부분이고, 점 M은 선분 AB의 중점일 때, 이 원의 반지름의 길이는?

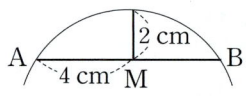

① 4 cm　　　② 5 cm　　　③ 6 cm
④ 7 cm　　　⑤ 8 cm

03 그림과 같이 원 O에 내접하는 삼각형 ABC에서 $\overline{OM}=\overline{ON}$, $\angle ABC=75°$일 때, $\angle x$의 크기는?

① 110°　　　② 120°
③ 130°　　　④ 140°
⑤ 150°

04 그림과 같이 두 직선 PA, PB는 원 O의 접선이고, $\overline{AO}=3$, $\overline{PO}=5$일 때, $\overline{PA}+\overline{PB}$의 값을 구하시오.

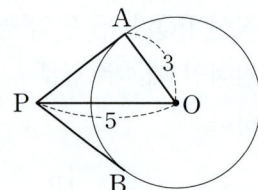

05 그림에서 선분 PT는 원 O의 접선이고, $\angle OPT=52°$일 때, $\angle x$의 크기는?

(단, 선분 AP는 원 O의 중심을 지난다.)

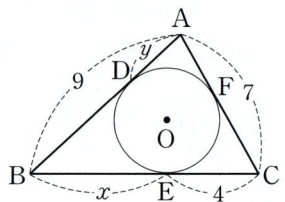

① 18°　　　② 19°　　　③ 20°
④ 21°　　　⑤ 22°

06 그림과 같이 원 O가 삼각형 ABC에 내접하고, $\overline{AB}=9$, $\overline{AC}=7$, $\overline{CE}=4$일 때, $x-y$의 값을 구하여라. (단, 세 점 D, E, F는 접점이다.)

07 그림과 같이 원 O가 직각삼각형 ABC에 내접할 때, 원 O의 넓이는?

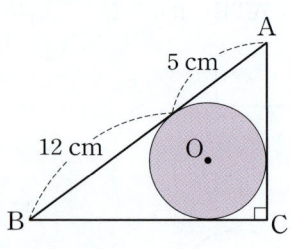

① 7π cm^2　　　② 8π cm^2　　　③ 9π cm^2
④ 10π cm^2　　　⑤ 11π cm^2

08 그림에서 선분 **CD**는 반원 **O** 의 지름이고, 세 선분 **AB**, **BC**, **DA**는 반원 **O**의 접선일 때, r의 값 을 구하여라.

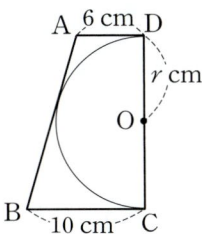

09 그림과 같은 원 **O**에 대하여 $\angle x + \angle y$의 크기는?

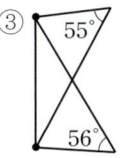

① 62° ② 64°

③ 66° ④ 68°

⑤ 70°

10 그림에서 $\overset{\frown}{AB}=x$, $\overset{\frown}{BC}=2x$, $\overset{\frown}{CA}=3x$ 일 때, $\angle B$의 크기는?

(단, $x>0$이다.)

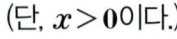

① 70° ② 75°

③ 80° ④ 85°

⑤ 90°

11 그림과 같이 두 사각형 **ABCD**, **DCFE**는 각각 두 원 **O**, **O′**에 내접하고 선분 **CD**는 두 사각형에 공통인 변이다. $\angle ABC=95°$일 때, $\angle x$의 크기는?

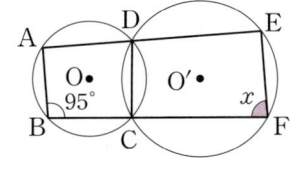

① 70° ② 75° ③ 80°

④ 85° ⑤ 90°

12 다음 네 점이 한 원 위에 있는 것은?

① 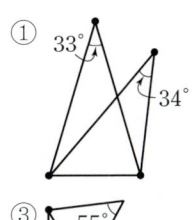 ②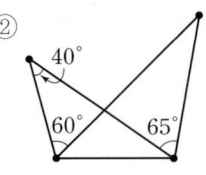

③ 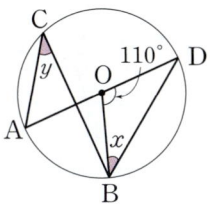 ④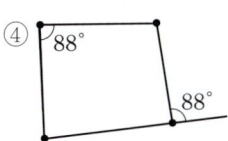

⑤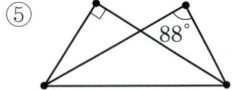

13 그림과 같이 네 점 **A**, **B**, **C**, **D**가 한 원 위에 있을 때, $\angle y - \angle x$의 크기를 구하여라.

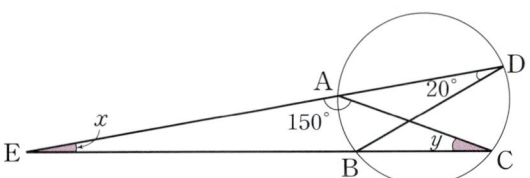

14 그림에서 직선 **TT′**이 원 **O**의 접선일 때, $\angle x$의 크기는? (단, 직선 **BT**는 원 **O**의 중심을 지난다.)

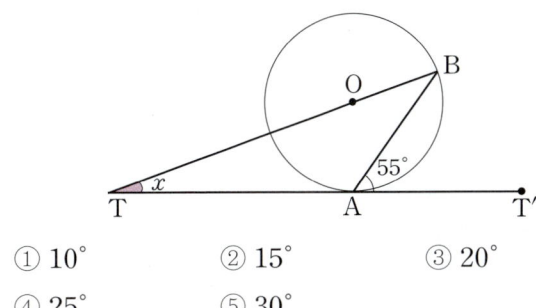

① 10° ② 15° ③ 20°

④ 25° ⑤ 30°

MIND MAP

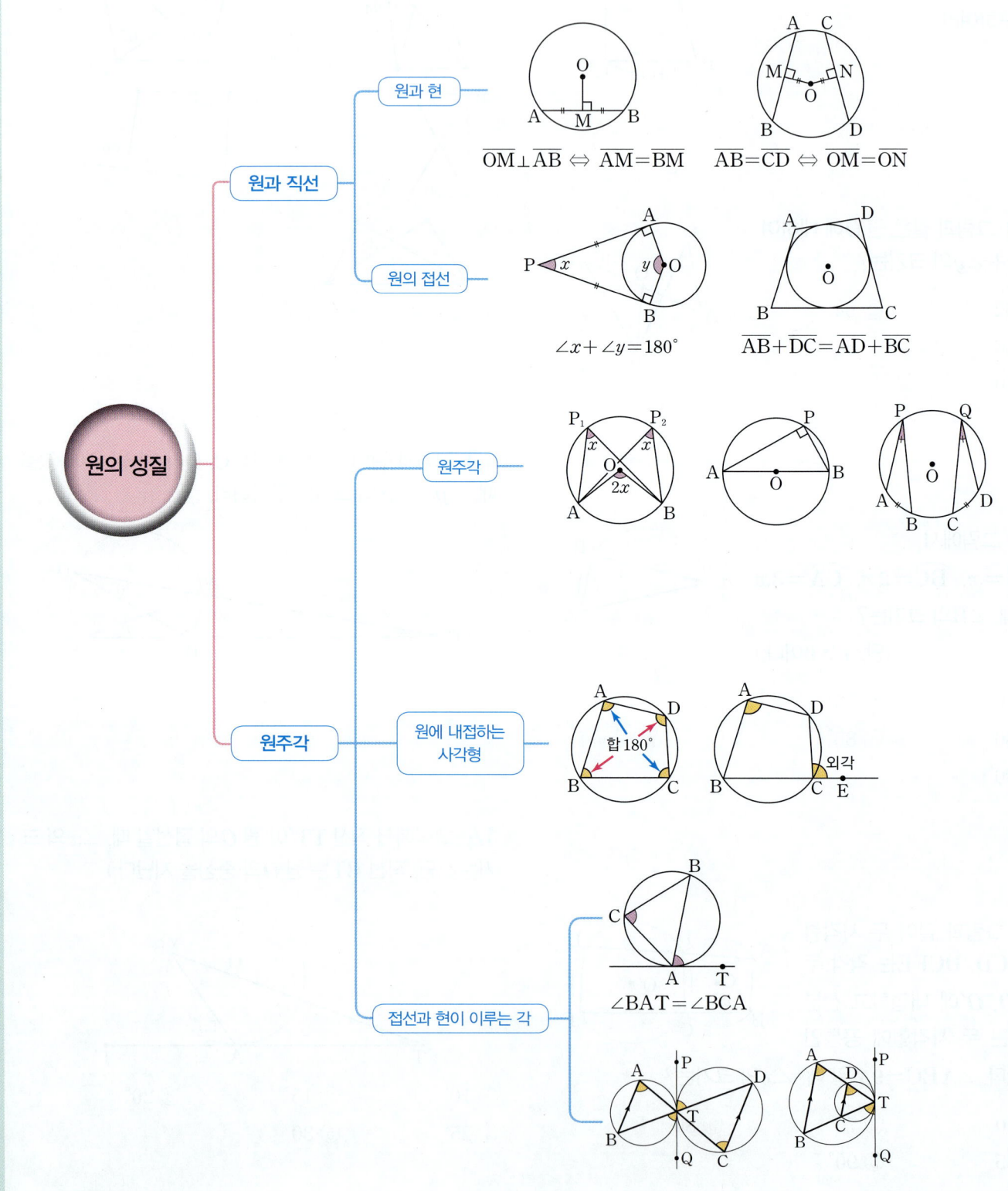

원과 직선
- 원과 현
  $$\overline{OM} \perp \overline{AB} \Leftrightarrow \overline{AM} = \overline{BM} \qquad \overline{AB} = \overline{CD} \Leftrightarrow \overline{OM} = \overline{ON}$$
- 원의 접선
  $$\angle x + \angle y = 180° \qquad \overline{AB} + \overline{DC} = \overline{AD} + \overline{BC}$$

원의 성질

원주각
- 원주각
- 원에 내접하는 사각형
  합 180°   외각
- 접선과 현이 이루는 각
  $$\angle BAT = \angle BCA$$

VII 통계

1 대푯값
↪ 자료 전체의 중심적인 경향이나 특징을
대표적으로 나타내는 값

(1) 평균 : 변량의 총합을 변량의 개수로 나눈 값

(2) 중앙값 : 자료를 작은 값부터 크기순으로 나열하였을 때, 중앙에 위치한 값

(3) 최빈값 : 자료의 값 중에 가장 많이 나타나는 값

참고 (1) 자료의 값 중 매우 크거나 매우 작은 값이 있는 경우에는 평균보다는 중앙값이 자료의 특징을 더 잘 나타낸다.

(2) 최빈값은 숫자로 나타낼 수 없는 자료일 때도 구할 수 있다.

2 대푯값 구하기

(1) 평균 구하기

n개의 변량 x_1, x_2, x_3, $\cdots$, x_n의 평균을 m이라 하면

$$m=\frac{(변량의\ 총합)}{(변량의\ 개수)}=\frac{x_1+x_2+x_3+\cdots+x_n}{n}$$

(2) 중앙값 구하기

(ⅰ) 주어진 자료를 작은 값부터 크기순으로 나열한다.

(ⅱ) ① 자료의 개수가 홀수이면 가운데 위치한 값이 중앙값이다.

② 자료의 개수가 짝수이면 가운데 위치한 두 값의 평균이 중앙값이다.

(3) 최빈값 구하기

자료 중에서 가장 많이 나타나는 값을 찾는다. 단, 자료의 값 중에서 도수가 가장 큰 값이 한 개 이상 있으면 그 값이 모두 최빈값이고 자료의 값의 도수가 모두 같으면 최빈값은 없다.

3 산포도
↪ 자료들이 대푯값을 중심으로 흩어져 있는
정도를 하나의 수로 나타낸 값

(1) 편차 : 각 변량에서 평균을 뺀 값, 즉 (편차)＝(변량)－(평균)

(2) 편차의 성질

① 평균보다 큰 변량의 편차는 양수이고 평균보다 작은 변량의 편차는 음수이다.

② 편차의 절댓값이 클수록 평균에서 멀리 떨어져 있다.

③ 편차의 총합은 항상 0이다.

(3) 분산 : 각 편차의 제곱의 합을 전체 변량의 개수로 나눈 값, 즉 편차

의 제곱의 평균으로 $(분산)=\dfrac{\{(편차)^2의\ 총합\}}{(변량의\ 개수)}$

(4) 표준편차 : 분산의 음이 아닌 제곱근, 즉 $(표준편차)=\sqrt{(분산)}$

참고 분산과 표준편차가 클수록 자료들이 평균을 중심으로 더 넓게 흩어져 있다고 할 수 있다.

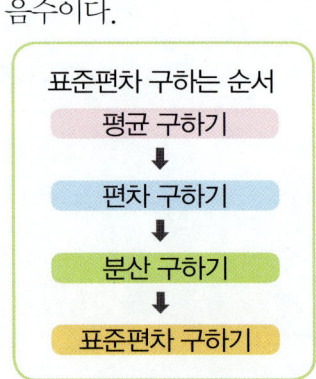

표준편차 구하는 순서
평균 구하기
↓
편차 구하기
↓
분산 구하기
↓
표준편차 구하기

4 산점도

두 변량 사이의 관계를 알기 위하여 두 변량의 순서쌍을 좌표로 하는 점을 좌표평면 위에 나타낸 그림

예 그림과 같이 수학 점수와 영어 점수를 조사하여 나타낸 산점도에서 수학 점수가 70점이고
영어 점수가 50점인 사람은 점 A$(70, 50)$으로 나타낸다.

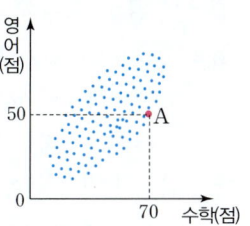

두 변량의 값 사이에 한쪽의 값이 커짐에 따라 다른
쪽의 값이 커지거나 작아지는 관계

5 상관관계

(1) 양의 상관관계 : 두 변량 x, y에 대한 산점도에서 x의 값이 커짐에 따라 y의 값도 대체로 커지는 관계

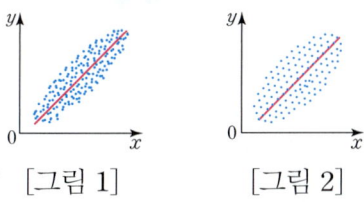

[그림 1]   [그림 2]

(2) 음의 상관관계 : 두 변량 x, y에 대한 산점도에서 x의 값이 커짐에 따라 y의 값은 대체로 작아지는 관계

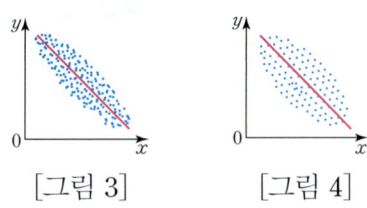

[그림 3]   [그림 4]

(3) 상관관계가 없다 : 두 변량 x, y에 대한 산점도에서 x의 값이 커짐에 따라 y의 값이 증가하는지 감소
하는지 분명하지 않은 관계

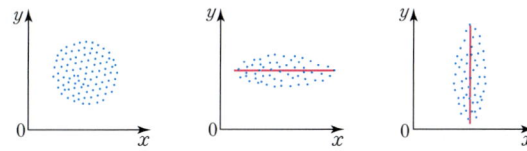

(4) 산점도에서 점들이 한 직선 주위에 가까이 몰려 있을수록 상관관계가 강하다고 하고, 흩어져 있을수
록 상관관계가 약하다고 한다.
즉, [그림 1]은 [그림 2]보다 강한 양의 상관관계가 있고, [그림 3]은 [그림 4]보다 강한 음의 상관관계
가 있다.

VII-1 대푯값과 산포도

01 중앙값

(1) **대푯값** : 자료 전체의 중심적인 경향이나 특징을 대표적으로 나타내는 값으로 **평균, 중앙값, 최빈값** 등이 있다.

[참고] ① 대푯값으로 가장 많이 쓰이는 것은 평균이다.
② 주어진 자료에서 극단적으로 크거나 작은 값이 존재하면 평균은 대푯값으로 적당하지 않다.

(2) **중앙값** : 각 변량을 작은 값부터 크기순으로 나열할 때, 중앙에 오는 값
① 자료의 개수가 홀수이면 중앙에 있는 자료의 값이 중앙값이다.
② 자료의 개수가 짝수이면 중앙에 있는 두 값의 평균이 중앙값이다.

> 자료의 개수가 n이고 각 변량을 작은 값부터 크기순으로 나열하였을 때, 중앙값은
> ① n이 홀수이면 $\frac{n+1}{2}$ 번째 값
> ② n이 짝수이면 $\frac{n}{2}$번째와 $\left(\frac{n}{2}+1\right)$ 번째 자료의 평균

유형01 **자료의 개수가 홀수일 때 중앙값**

[01~07] 다음 자료의 중앙값을 구하여라.

01

| 5, | 3, | 6, | 4, | 1 |

답 _____

[해] 자료를 작은 값부터 크기순으로 나열하면 1, 3, ☐, 5, 6이므로 중앙값은 ☐이다.

02

| 90, | 20, | 60, | 40, | 100 |

답 _____

[해] 자료를 작은 값부터 크기순으로 나열하면 20, ☐, ☐, ☐, 100이므로 중앙값은 ☐이다.

03

| 8, | 4, | 14, | 12, | 8 |

답 _____

04

| 2, 4, 1, 6, 6, 2, 7 |

답 _____

05

| 1, 5, 3, 4, 3, 4, 6 |

답 _____

06

| 60, 70, 55, 60, 55, 40, 35 |

답 _____

07

| 8, 3, 4, 6, 7, 4, 7, 6, 5 |

답 _____

유형02 자료의 개수가 짝수일 때 중앙값

[08~12] 다음 자료의 중앙값을 구하여라.

08

| 1, | 5, | 4, | 6, | 2, | 1 |

답 _____

해 자료를 작은 값부터 크기순으로 나열하면 1, 1, 2, 4, 5, 6이므로 중앙값은 2, 4의 평균인 $\dfrac{2+4}{2}=$ ☐ 이다.

09

| 90, | 20, | 60, | 40 |

답 _____

해 자료를 작은 값부터 크기순으로 나열하면 20, 40, ☐ , 90이므로 중앙값은 40, ☐ 의 평균인

$\dfrac{40+☐}{2}=$ ☐ 이다.

10

| 8000, | 3000, | 6000, | 5000 |

답 _____

11

| 8, | 3, | 2, | 6, | 4, | 9 |

답 _____

12

| 14, | 17, | 16, | 20, | 18, | 18 |

답 _____

유형03 중앙값이 주어졌을 때 변량 구하기

[13~15] 다음은 자료를 작은 값부터 크기순으로 나열한 것이다. 이 자료의 중앙값이 [ ] 안의 수와 같을 때, x의 값을 구하여라.

13

| 4, | 5, | x, | 8 |

[6]

답 _____

해 자료의 개수가 짝수이므로 중앙에 있는 두 값 5, x의 평균이 중앙값 6이 되어야 한다.

즉, $6=\dfrac{5+x}{☐}$ 에서 $x=$ ☐

14

| 7, | x, | 10, | 20 |

[9]

답 _____

15

| 14, | 16, | 17, | x, | 20, | 29 |

[18]

답 _____

개념 체크

16 다음 빈칸에 알맞은 것을 써넣어라.

1) [ ] : 자료 전체의 중심적인 경향이나 특징을 대표적으로 나타내는 값으로 [ ], 중앙값, [ ] 등이 있다.

2) 중앙값 : 각 변량을 작은 값부터 크기순으로 나열할 때, [ ]에 오는 값

① 자료의 개수가 [ ]이면 중앙에 있는 자료의 값이 중앙값이다.

② 자료의 개수가 [ ]이면 중앙에 있는 두 값의 평균이 중앙값이다.

02 최빈값

각 변량 중에서 가장 많이 나타난 값, 즉 도수가 가장 큰 값을 **최빈값**이라 한다.

예 자료가 1, 2, 2, 2, 3, 3, 4일 때, 도수가 가장 큰 것은 2이므로 최빈값은 2이다.

(1) 자료의 값 중에서 도수가 가장 큰 값이 한 개 이상 있으면 그 값이 모두 최빈값이다.

참고 최빈값은 2개 이상일 수도 있다.

(2) 각 자료의 값의 도수가 모두 같거나 모두 다르면 최빈값은 없다.

참고 최빈값은 없을 수도 있다.

> 자료가 1, 3, 3, 4, 5, 5일 때,
> 최빈값은 **3, 5**이다.
> 자료가 1, 2, 3, 4, 5일 때,
> 최빈값은 **없다**.

유형04 최빈값

[17~23] 다음 자료의 최빈값을 구하여라.

17

| 5, 3, 6, 4, 1, 3 |

답 ....

해 자료를 작은 값부터 크기순으로 나열하면 1, 3, 3, 4, 5, 6이므로 가장 많이 나타난 값, 즉 최빈값은 ☐이다.

18

| 22, 16, 18, 20, 22, 25 |

답 ....

19

| 3, 2, 3, 2, 3 |

답 ....

20

| 14, 17, 16, 20, 17, 18, 17, 16 |

답 ....

21

| 8, 4, 14, 12, 8, 4 |

답 ....

해 자료를 작은 값부터 크기순으로 나열하면 4, 4, 8, 8, 12, 14이므로 가장 많이 나타난 값, 즉 최빈값은 ☐와 ☐이다.

22

| 2, 4, 1, 6, 6, 2, 7 |

답 ....

23

| 3, 4, 6, 7, 4, 7, 6 |

답 ....

개념 체크

24 다음 빈칸에 알맞은 것을 써넣어라.

각 변량 중에서 가장 많이 나타난 값, 즉 도수가 가장 큰 값을 [　　]이라 한다.

1) 자료의 값 중에서 도수가 가장 큰 값이 한 개 이상 있으면 그 값이 모두 [　　]이다.

2) 각 자료의 값의 도수가 모두 같거나 모두 다르면 [　　]은 없다.

03 평균

전체 변량의 총합을 변량의 개수로 나눈 값을 **평균**이라 한다. 즉,

$$(\text{평균}) = \frac{(\text{변량의 총합})}{(\text{변량의 개수})}$$

참고 평균은 대푯값으로 가장 많이 사용된다.

자료 10, 11, 12, 12, 14의 평균은

$$(\text{평균}) = \frac{(\text{변량의 총합})}{(\text{변량의 개수})} = \frac{10+11+12+12+14}{5}$$
$$= \frac{59}{5} = 11.8$$

유형05 평균

[25~31] 다음 자료의 평균을 구하여라.

25

| 1, | 2, | 3 |

답 _____

해 변량이 1, 2, 3으로 3개이므로

$$(\text{평균}) = \frac{(\text{변량의 총합})}{(\text{변량의 개수})}$$
$$= \frac{1+\boxed{}+3}{3} = \frac{\boxed{}}{3} = \boxed{}$$

26

| 20, | 60, | 40, | 100 |

답 _____

해 변량이 20, 60, 40, 100으로 4개이므로

$$(\text{평균}) = \frac{(\text{변량의 총합})}{(\text{변량의 개수})}$$
$$= \frac{20+60+\boxed{}+100}{\boxed{}} = \boxed{}$$

27

| 4, 8, 8, 8, 12, 14 |

답 _____

28

| 10, 20, 30, 40, 50, 60, 70 |

답 _____

29

| 8, 2, 4, 7, 7, 6, 1 |

답 _____

30

| 3, 4, 6, 7, 4, 8, 6, 10 |

답 _____

31

| 2, 3, 5, 4, 10, 7, 9, 3, 2, 5 |

답 _____

[32~39] 다음 자료의 평균이 [ ] 안의 수와 같을 때, x의 값을 구하여라.

32

4, 5, 6, x

[6]

답 _____

해 변량이 4개이고, 평균이 6이므로

$(평균)=\dfrac{(변량의\ 총합)}{(변량의\ 개수)}$에서

$\boxed{}=\dfrac{4+5+6+x}{4}$

$15+x=\boxed{}$ $\therefore x=\boxed{}$

33

30, 90, x, 60

[65]

답 _____

해 변량이 $\boxed{}$개이고, 평균이 65이므로

$65=\dfrac{30+90+x+60}{\boxed{}}$

$180+x=\boxed{}$ $\therefore x=\boxed{}$

34

7, 3, x, 4, 5

[5]

답 _____

35

76, 80, 82, 88, x

[80]

답 _____

36

86, 90, 92, x, 97

[90]

답 _____

37

16, 22, 19, 25, x

[20]

답 _____

38

x, 3, 9, 7, 8, 6

[7]

답 _____

39

8, x, 5, 3, 4, 3, 2, 3

[4]

답 _____

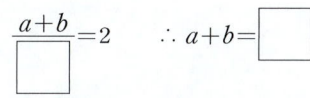 **유형07** 부분의 평균이 주어졌을 때 전체 평균 구하기

[40~42] 두 변량 a, b의 평균이 2일 때, 다음 자료의 평균을 구하여라.

40

$$2, \quad a, \quad b$$

답 ....

해 a, b의 평균이 2이므로

$$\frac{a+b}{\boxed{}}=2 \qquad \therefore a+b=\boxed{}$$

따라서 2, a, b의 평균은

$$\frac{2+a+b}{3}=\frac{2+\boxed{}}{3}=\frac{\boxed{}}{3}=\boxed{}$$

41

$$a, \quad 5, \quad b, \quad 7$$

답 ....

42

$$3a+2, \quad 3b+2$$

답 ....

해 $a+b=4$이므로

$$(\text{평균})=\frac{(3a+2)+(3b+2)}{2}$$

$$=\frac{3(a+b)+\boxed{}}{2}=\frac{3\times\boxed{}+\boxed{}}{2}$$

$$=\frac{\boxed{}}{2}=\boxed{}$$

[43~44] 세 변량 x, y, z의 평균이 4일 때, 다음 자료의 평균을 구하여라.

43

$$2, \quad x, \quad y, \quad z, \quad 6$$

답 ....

해 x, y, z의 평균이 4이므로

$$\frac{x+y+z}{\boxed{}}=4 \qquad \therefore x+y+z=\boxed{}$$

따라서 2, x, y, z, 6의 평균은

$$\frac{2+x+y+z+6}{5}=\frac{8+\boxed{}}{5}=\frac{\boxed{}}{5}=\boxed{}$$

44

$$x, \quad y, \quad z, \quad 8, \quad 4, \quad 12$$

답 ....

개념 체크

45 다음 빈칸에 알맞은 것을 써넣어라.

전체 변량의 총합을 변량의 개수로 나눈 값을 [　　　]이라 한다. 즉,

$$([\quad\quad])=\frac{(\text{변량의 총합})}{(\text{변량의 개수})}$$

04 편차

(1) **산포도** : 자료가 대푯값 주위에 흩어져 있는 정도를 하나의 수로 나타낸 값

① 산포도가 크면 자료들이 대푯값으로부터 멀리 흩어져 있다.

② 산포도가 작으면 자료들이 대푯값 주위에 밀집되어 있다.

(2) **편차** : 어떤 자료의 각 변량에서 평균을 뺀 값, 즉

(편차)＝(변량)－(평균) ──→ 자료를 수량으로 나타낸 것

① **편차의 총합은 항상 0**이다.

② 평균보다 큰 변량의 편차는 양수이고, 평균보다 작은 변량의 편차는 음수이다.

③ 편차의 절댓값이 클수록 그 변량은 평균에서 멀리 떨어져 있고, 편차의 절댓값이 작을수록 그 변량은 평균에 가까이 있다.

[참고] 산포도를 측정하는 데 가장 많이 이용되는 것이 분산과 표준편차이다.

> (편차)＝(변량)－(평균)
>
> (변량)＝(편차)＋(평균)
>
> ⇨ 편차를 구할 때는 변량에서 평균을 빼주고, 변량을 구할 때는 편차에 평균을 더해준다.

유형08 평균이 주어졌을 때의 편차와 변량

[46~52] 다음 자료의 평균이 [   ] 안의 수와 같을 때, 표를 완성하여라.

46 [5]

변량	1	3	9	8	4
편차	−4		4		−1

[해] (편차)＝(변량)－(평균)이므로

첫 번째 빈칸은 3－ ☐ ＝ ☐

두 번째 빈칸은 8－ ☐ ＝ ☐

47 [60]

변량	35	40	60	75	90
편차	−25		0	15	

48 [25]

변량	5	15	25	35	45
편차	−20		0	10	

49 [80]

변량	70	85			65
편차	−10	5	20		−15

[해] (편차)＝(변량)－(평균)에서
(변량)＝(편차)＋(평균)이므로

(변량)＝20＋ ☐ ＝ ☐

50 [10]

변량			9	13	10
편차	−3	1	−1	3	0

51 [6]

변량	1	3		7	9	
편차	−5	−3	−1	1	3	5

52 [60]

변량			54	44	64	40
편차	22	16	−6		4	−20

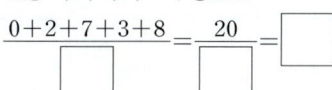 **유형09** 평균이 주어지지 않았을 때의 편차

[53~56] 다음 표에서 a의 값을 구하여라.

53

변량	0	2	7	3	8
편차			a		

답 _____

해 변량 0, 2, 7, 3, 8의 평균은

$$\frac{0+2+7+3+8}{\boxed{}} = \frac{20}{\boxed{}} = \boxed{}$$

이때, (편차)=(변량)−(평균)이므로

$a = 7 - \boxed{} = \boxed{}$

54

변량	65	65	90	100
편차	a			

답 _____

55

변량	3	9	5	7	1
편차					a

답 _____

56

변량	32	45	46	54	63
편차				a	

답 _____

[57~60] 다음 표를 완성하여라.

57

변량	10	18	11	15	16
편차					

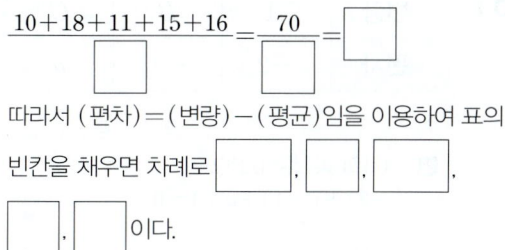 **해** 변량 10, 18, 11, 15, 16의 평균은

$$\frac{10+18+11+15+16}{\boxed{}} = \frac{70}{\boxed{}} = \boxed{}$$

따라서 (편차)=(변량)−(평균)임을 이용하여 표의

빈칸을 채우면 차례로 $\boxed{}$, $\boxed{}$, $\boxed{}$,

$\boxed{}$, $\boxed{}$ 이다.

58

변량	35	53	55	40	67
편차					

59

변량	12	10	8	6	4	2
편차						

60

변량	38	46	57	63	76	80
편차						

15 DAY

유형10 편차의 성질

[61~67] 다음 표에서 a의 값을 구하여라.

61

변량	A	B	C	D
편차	-2	-1	a	1

답 _____

해 편차의 총합은 0이므로
$$(-2)+(-1)+a+1=0$$
$$\therefore a=\boxed{}$$

62

변량	A	B	C	D
편차	3	2	1	a

답 _____

63

변량	A	B	C	D	E
편차	-4	-2	a	3	1

답 _____

64

변량	A	B	C	D	E
편차	a	20	-17	3	-5

답 _____

65

변량	A	B	C	D	E
편차	-4	-2	3	-1	a

답 _____

66

변량	A	B	C	D	E
편차	-2	4	a	2	-4

답 _____

67

변량	A	B	C	D	E	F
편차	-16	-11	7	9	6	a

답 _____

개념 체크
68 다음 빈칸에 알맞은 것을 써넣어라.

1) [　　] : 자료가 대푯값 주위에 흩어져 있는 정도를 하나의 수로 나타낸 값
① [　　]가 크면 자료들이 대푯값으로부터 멀리 흩어져 있다.
② [　　]가 작으면 자료들이 대푯값 주위에 밀집되어 있다.

2) 편차 : 어떤 자료의 각 변량에서 [　　]을 뺀 값
① 편차의 총합은 항상 [　　]이다.
② 평균보다 큰 변량의 편차는 [　　]이고, 평균보다 작은 변량의 편차는 [　　]이다.

05 분산, 표준편차

(1) **분산** : 각 편차의 제곱의 총합을 변량의 개수로 나눈 값, 즉

편차의 제곱의 평균으로 $(분산)=\dfrac{\{(편차)^2의\ 총합\}}{(변량의\ 개수)}$ 이다.

[참고] 분산이 클수록 그 자료의 분포 상태는 평균을 중심으로 흩어져 있는 정도
가 더 심하다. 즉, 변량의 분포가 고르지 않다.

(2) **표준편차** : 분산의 음이 아닌 제곱근, 즉 $(표준편차)=\sqrt{(분산)}$ 이다.

[참고] 변량의 단위와 표준편차의 단위는 같다.

표준편차 구하는 순서

(i) 각 변량에 대한 편차를 구하여
$(편차)^2$의 총합 구하기

(ii) 분산 구하기

(iii) 표준편차 구하기

유형11 편차가 주어졌을 때의 분산, 표준편차

[69~72] 표에서 변량의 분산, 표준편차를 다음 순서로 구하여라.

69

변량	A	B	C	D
편차	1	1	−1	−1

답 $(분산)=$ ☐ , $(표준편차)=$ ☐

(i) $(편차)^2$의 총합

해 $\{(편차)^2의\ 총합\}=1^2+1^2+(-1)^2+(\boxed{})^2=\boxed{}$

(ii) (분산)

해 $(분산)=\dfrac{\{(편차)^2의\ 총합\}}{(변량의\ 개수)}=\dfrac{\boxed{}}{4}=\boxed{}$

(iii) (표준편차)

해 $(표준편차)=\sqrt{(분산)}=\boxed{}$

70

변량	A	B	C	D
편차	−3	1	−1	3

답 $(분산)=$ ☐ , $(표준편차)=$ ☐

(i) $(편차)^2$의 총합

(ii) (분산)

(iii) (표준편차)

71

변량	A	B	C	D	E
편차	4	0	−2	−4	2

답 $(분산)=$ ☐ , $(표준편차)=$ ☐

(i) $(편차)^2$의 총합

(ii) (분산)

(iii) (표준편차)

72

변량	A	B	C	D	E	F
편차	4	1	−2	−1	−1	−1

답 $(분산)=$ ☐ , $(표준편차)=$ ☐

(i) $(편차)^2$의 총합

(ii) (분산)

(iii) (표준편차)

유형12 편차의 성질을 이용한 분산, 표준편차

[73~76] 표에서 변량의 분산, 표준편차를 다음 순서로 구하여라.

73

변량	A	B	C	D
편차	3	-1	a	-1

답 (분산)=□ , (표준편차)=□

(i) a의 값

해 편차의 총합은 0이므로

$3+(-1)+a+(-1)=0$ ∴ $a=$□

(ii) (편차)^{2}의 총합

해 {(편차)^{2}의 총합}

$=3^2+(-1)^2+(\boxed{})^2+(-1)^2=$□

(iii) (분산)

해 (분산)$=\dfrac{\{(편차)^2의\ 총합\}}{(변량의\ 개수)}=\dfrac{\boxed{}}{4}=$□

(iv) (표준편차)

해 (표준편차)$=\sqrt{(분산)}=$□

74

변량	A	B	C	D
편차	a	-1	-1	1

답 (분산)=□ , (표준편차)=□

(i) a의 값

(ii) (편차)^{2}의 총합

(iii) (분산)

(iv) (표준편차)

75

변량	A	B	C	D	E
편차	-4	0	-1	3	a

답 (분산)=□ , (표준편차)=□

(i) a의 값

(ii) (편차)^{2}의 총합

(iii) (분산)

(iv) (표준편차)

76

변량	A	B	C	D	E	F
편차	1	1	-1	a	-4	1

답 (분산)=□ , (표준편차)=□

(i) a의 값

(ii) (편차)^{2}의 총합

(iii) (분산)

(iv) (표준편차)

개념 체크

77 다음 빈칸에 알맞은 것을 써넣어라.

1) [　　]: 각 편차의 제곱의 총합을 변량의 개수로 나눈 값, 즉 편차의 제곱의 평균으로

$([\quad])=\dfrac{\{([\quad])^2의\ 총합\}}{\{[\quad]의\ 개수\}}$ 이다.

2) [　　] : 분산의 음이 아닌 제곱근, 즉

$([\quad])=\sqrt{(분산)}$ 이다.

06 평균, 분산, 표준편차

(1) (분산)$= \dfrac{\{(\text{편차})^2\text{의 총합}\}}{(\text{변량의 개수})}$

[참고] 변량이 같은 자료가 2개 이상인 경우에는 (분산)$= \dfrac{\{(\text{편차})^2 \times (\text{도수})\text{의 총합}\}}{(\text{변량의 개수})}$

을 이용하여 분산을 구한다.

(2) (표준편차)$= \sqrt{(\text{분산})}$

표준편차 구하는 순서

(ⅰ) 평균 구하기

(ⅱ) (편차)^{2}의 총합 구하기

(ⅲ) 분산 구하기

(ⅳ) 표준편차 구하기

유형13 평균, 분산, 표준편차

[78~81] 주어진 자료의 평균, 분산, 표준편차를 다음 순서로 구하여라.

78

$$1, \quad 2, \quad 3, \quad 4, \quad 5, \quad 6, \quad 7$$

답 (평균)=☐, (분산)=☐, (표준편차)=☐

(ⅰ) 평균

(ⅱ) 분산

(ⅲ) 표준편차

79

$$7, \quad 8, \quad 5, \quad 4, \quad 6$$

답 (평균)=☐, (분산)=☐, (표준편차)=☐

(ⅰ) 평균

(ⅱ) 분산

(ⅲ) 표준편차

80

$$14, \quad 20, \quad 16, \quad 18, \quad 17$$

답 (평균)=☐, (분산)=☐, (표준편차)=☐

(ⅰ) 평균

(ⅱ) 분산

(ⅲ) 표준편차

81

$$47, \quad 48, \quad 50, \quad 51, \quad 54$$

답 (평균)=☐, (분산)=☐, (표준편차)=☐

(ⅰ) 평균

(ⅱ) 분산

(ⅲ) 표준편차

유형14 변량이 같은 것이 2개 이상인 경우의 평균, 분산, 표준편차

[82~84] 주어진 자료의 평균, 분산, 표준편차를 다음 순서로 구하여라.

82

$$-1, \quad -1, \quad 0, \quad 0, \quad 1, \quad 1$$

답 (평균)=☐, (분산)=☐, (표준편차)=☐

(ⅰ) 평균

(ⅱ) 분산

(ⅲ) 표준편차

83

$$-2, \quad -2, \quad -2, \quad -2, \quad -1, \quad 3$$

답 (평균)=☐, (분산)=☐, (표준편차)=☐

(ⅰ) 평균

(ⅱ) 분산

(ⅲ) 표준편차

84

$$-4, \quad -4, \quad 0, \quad 2, \quad 2, \quad 4$$

답 (평균)=☐, (분산)=☐, (표준편차)=☐

(ⅰ) 평균

(ⅱ) 분산

(ⅲ) 표준편차

유형15 **평균이 주어질 때 분산 구하기**

[85~87] 다음 자료의 평균이 [ ] 안의 수와 같을 때, 이 자료의 분산을 구하여라.

85

$$4, \quad x, \quad 8, \quad 2$$ [5]

답 _____

해 평균이 5이므로

$$\frac{4+x+8+2}{4}=5 \qquad \therefore x=\boxed{}$$

$$\therefore (분산)$$

$$=\frac{(4-5)^2+(\boxed{}-5)^2+(8-5)^2+(2-5)^2}{4}$$

$$=\frac{\boxed{}}{4}=\boxed{}$$

86

$$10, \quad 3, \quad x, \quad 6, \quad 9$$ [7]

답 _____

87

$$7, \quad 16, \quad 14, \quad 10, \quad x$$ [13]

답 _____

유형16 **편차, 분산, 표준편차의 해석**

[88~92] 다음 중 옳은 것에는 ○표, 옳지 않은 것에는 ×표를 하여라.

88 편차의 총합은 항상 1이다.

답 _____

89 평균보다 작은 변량의 편차는 양수이다.

답 _____

90 편차의 평균으로 산포도를 알 수 있다.

답 _____

91 분산이 작을수록 자료의 분포 상태가 고르다고 할 수 있다.

답 _____

92 표준편차가 클수록 그 자료의 분포 상태는 평균을 중심으로 흩어져 있는 정도가 더 심하다고 할 수 있다.

답 _____

개념 체크

93 다음 빈칸에 알맞은 것을 써넣어라.

1) ([ ]) $=\dfrac{\{(편차)^2의\ 총합\}}{(변량의\ 개수)}$

2) (표준편차) $=\sqrt{([\quad])}$

15 DAY

VII-2 산점도와 상관관계

07 산점도

(1) 상관(相關) : 두 변량 사이의 관계

(2) 산점도(散點圖) : 두 변량 x, y를 순서쌍으로 하는 점 (x, y)를 좌표평면 위에 나타낸 그림

[참고] 산점도를 이용하면 두 변량 사이의 관계를 파악할 수 있다.

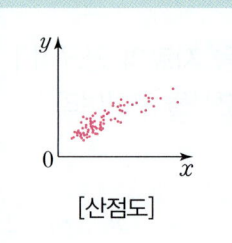

[산점도]

유형17 산점도 그리기

[94~97] 주어진 표를 보고 산점도를 완성하여라.

94

수학(점)	50	60	60	70	90
영어(점)	60	70	80	70	90

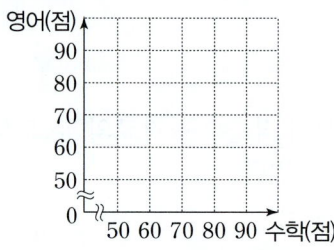

95

몸무게(kg)	50	65	70	75	75
키(cm)	155	165	170	175	160

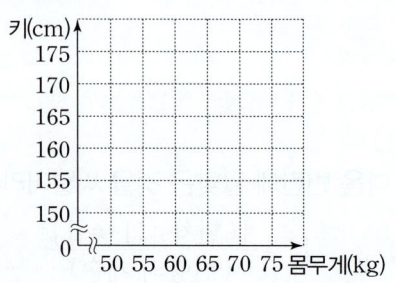

96

게임 시간(시간)	1	3	5	4	2	3
수면 시간(시간)	9	6	4	5	8	5

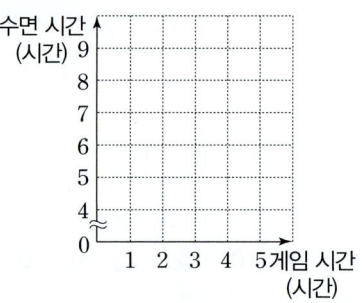

97

시력	0.8	1.0	1.2	0.7	0.9	1.0
몸무게(kg)	50	80	60	70	90	60

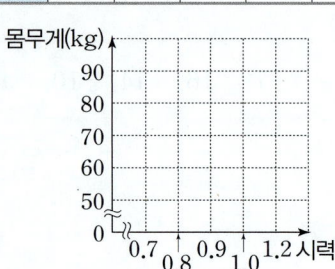

유형18 산점도 분석하기

[98~102] 다음은 6명의 학생에 대한 1차 쪽지 시험 점수와 2차 쪽지 시험 점수를 조사하여 나타낸 산점도이다. 다음 물음에 답하여라.

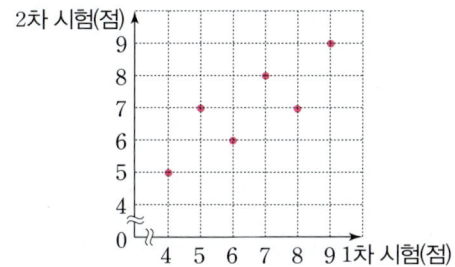

98 1차 쪽지 시험 점수가 7점 이상인 학생 수를 구하여라.

답 _____

99 2차 쪽지 시험 점수가 5점 이하인 학생 수를 구하여라.

답 _____

100 2차 쪽지 시험 점수의 평균을 구하여라.

답 _____

101 1차 쪽지 시험 점수와 2차 쪽지 시험 점수의 차가 가장 큰 학생의 점수 차를 구하여라.

답 _____

102 1차 쪽지 시험 점수보다 2차 쪽지 시험 점수가 더 높은 학생은 전체의 몇 %인지 구하여라.

답 _____

[103~105] 다음은 6명의 사람의 하루 동안 스마트폰 사용 시간과 가족 간의 대화 시간을 조사하여 나타낸 산점도이다. 다음 물음에 답하여라.

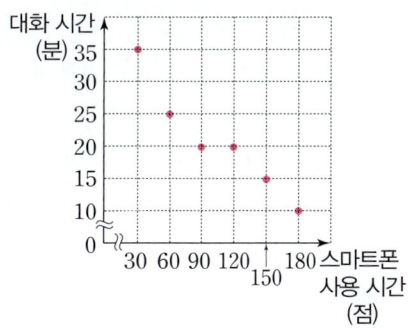

103 가족 간의 대화 시간이 하루에 30분 이상인 사람 수를 구하여라.

답 _____

104 스마트폰 사용 시간이 하루에 90분 미만인 사람 수를 구하여라.

답 _____

105 스마트폰 사용 시간이 하루에 2시간 이상이면 스마트폰 중독 위험군이라 할 때, 스마트폰 중독 위험군에 속하는 사람은 전체의 몇 %인지 구하여라.

답 _____

개념 체크

106 다음 빈칸에 알맞은 것을 써넣어라.

1) [   ] : 두 변량 사이의 관계

2) [   ] : 두 변량 x, y를 순서쌍으로 하는 점 (x, y)를 좌표평면 위에 나타낸 그림

08 상관관계

(1) 두 변량의 값 사이에 한쪽의 값이 커짐에 따라 다른 쪽의 값이 커지거나 작아지는 관계를 **상관관계**라 한다.

(2) 상관관계의 종류

두 변량 x, y에 대한 산점도에서

→ 오른쪽 위로 향하는 모양

① **양의 상관관계** : x의 값이 증가함에 따라 y의 값도 대체로 증가하는 관계 예 소득과 지출

② **음의 상관관계** : x의 값이 증가함에 따라 y의 값은 대체로 감소하는 관계 예 소비와 저축

→ 오른쪽 아래로 향하는 모양

③ **상관관계가 없다** : x의 값이 증가함에 따라 y의 값이 증가하는지 감소하는지 분명하지 않은 경우 예 키와 수학 성적

① 양의 상관관계　　② 음의 상관관계　　③ 상관관계가 없다.

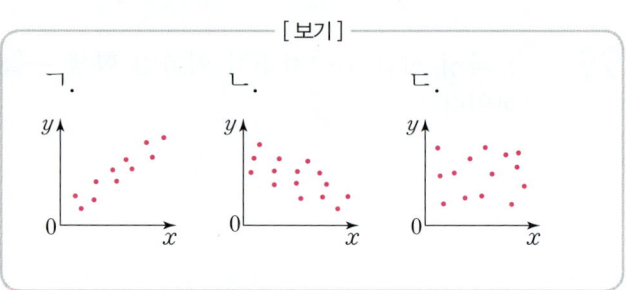

점들이 한 직선 주위에 가까이 몰려 있을수록 상관관계가 강하다고 하고, 흩어져 있을수록 상관관계가 약하다고 한다. 즉, (ㄱ)은 (ㄴ)보다 강한 양의 상관관계가 있으며, (ㄷ)은 (ㄹ)보다 강한 음의 상관관계가 있다.

유형19 상관관계의 종류

[107~109] 다음 [보기]를 보고 물음에 답하여라.

[보기]

ㄱ. 사람의 키와 몸무게

ㄴ. 용돈과 저축액

ㄷ. 에어컨 가동 시간과 전기세

ㄹ. 하루의 밤과 낮의 길이

ㅁ. 몸무게와 수학 성적

ㅂ. 체력과 청력

ㅅ. 산의 높이와 산소량

107 양의 상관관계가 있는 것을 모두 골라라.

답

108 음의 상관관계가 있는 것을 모두 골라라.

답

109 상관관계가 없는 것을 모두 골라라.

답

[110~113] 다음 [보기]의 산점도 중에서 두 변량 사이의 상관관계로 맞는 것을 골라라.

[보기]

ㄱ. 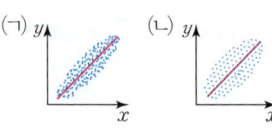　　ㄴ. 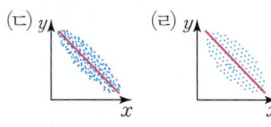　　ㄷ.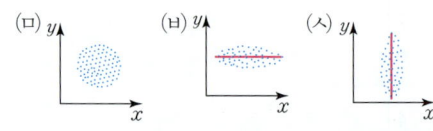

110 머리둘레의 길이와 영어 성적

답

111 물건의 생산량과 가격

답

112 물건의 할인율과 판매량

답

113 통학 시간과 통학 거리

답

유형20 상관관계의 해석

[114~117] [보기]의 산점도를 보고, 다음 중 옳은 것에는 ○표, 옳지 않은 것은 ×표를 하여라.

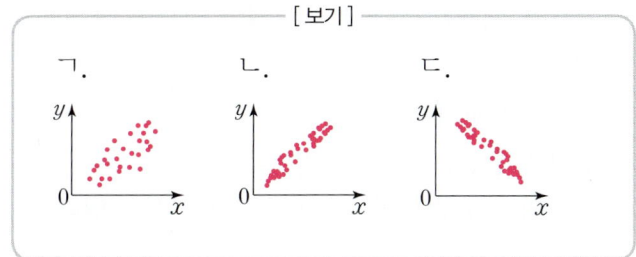

[보기]

114 ㄱ은 수학 성적과 가방의 부피의 상관관계에서 나타날 수 있다. 답

115 ㄴ은 쌀 생산량과 쌀값의 상관관계에서 나타날 수 있다. 답

116 ㄱ보다 ㄴ이 더 강한 양의 상관관계를 나타낸다. 답

117 ㄷ은 겨울철 기온과 난방비의 상관관계에서 나타날 수 있다. 답

[118~120] 다음 물음에 답하여라.

118 주어진 자료를 산점도로 나타내어라.

차량(천 대)	20	45	35	55	30	50
미세먼지 ($\mu g/m^3$)	25	40	45	60	40	50

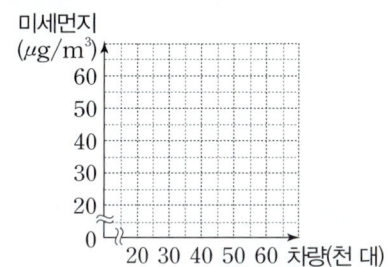

119 위의 산점도를 보고, 차량 대수와 미세먼지 농도는 어떤 상관관계에 있는지 구하여라. 답

120 차량 대수와 미세먼지 농도의 관계를 보면 차량 대수가 많을수록 미세먼지 농도는 어떤지 구하여라. 답

개념 체크

121 다음 빈칸에 알맞은 것을 써넣어라.

1) 두 변량의 값 사이에 한쪽의 값이 커짐에 따라 다른 쪽의 값이 커지거나 작아지는 관계를 [   ]라 한다.

2) 두 변량 x, y에 대한 산점도에서

① [   ]의 상관관계 : x의 값이 증가함에 따라 y의 값도 대체로 증가하는 관계

② [   ]의 상관관계 : x의 값이 증가함에 따라 y의 값은 대체로 감소하는 관계

③ 상관관계가 [   ] : x의 값이 증가함에 따라 y의 값이 증가하는지 감소하는지 분명하지 않은 경우

01 변량을 작은 값부터 크기순으로 나열하면 3, 4, 5, x, y이다. 이 자료의 평균, 중앙값, 최빈값이 같을 때, x, y에 대하여 $y-x$의 값은?

① 1   ② 2   ③ 3
④ 4   ⑤ 5

02 다음 중 주어진 자료 2, 4, 6, 7, 7, 7, 20에 대한 설명 중 옳지 않은 것은?

① 중앙값은 7이다.
② 자료의 값 중 도수가 가장 큰 것이 존재한다.
③ 최빈값과 중앙값이 같다.
④ 평균은 $\dfrac{53}{7}$이다.
⑤ 대푯값으로 적당한 것은 평균이다.

03 변량 2, 7, 8, x, 4, 4의 평균이 5일 때, x의 값은?

① 3   ② 4   ③ 5
④ 6   ⑤ 7

04 어느 학생의 1회부터 3회까지의 수학 점수가 순서대로 84점, 96점, 88점이라 한다. 1회부터 4회까지의 수학 점수의 평균이 90점이기 위하여 4회에는 몇 점을 받아야 하는가?

① 90점   ② 92점   ③ 94점
④ 96점   ⑤ 98점

05 다음 설명 중 옳은 것은?

① 변량들이 흩어져 있는 정도를 하나의 수로 나타낸 것이 편차이다.
② 자료가 대푯값 주변에 밀집되어 있으면 산포도가 크다.
③ 편차는 평균에서 변량을 뺀 것이다.
④ 편차의 총합은 일정하지 않다.
⑤ 편차의 절댓값이 작을수록 평균에 가까이 있다.

06 6개의 변량에 대한 편차가 3, -2, x, -5, 4, -1일 때, x의 값은?

① -2 ② -1 ③ 0
④ 1   ⑤ 2

07 다음 표는 지훈, 영우, 윤희, 지수, 태호의 수학 점수에 대한 편차를 나타낸 것이다. 표의 일부가 찢어졌을 때, 수학 시험의 분산을 구하여라.

학생	지훈	영우	윤희	지수	태호
편차(점)	-2	0		4	-3

08 자료 13, 9, x, 7, 10의 평균이 10일 때, 이 자료의 분산은?

① 1   ② 2   ③ 3
④ 4   ⑤ 5

09 다음은 정우, 현진, 지연이의 5회에 걸쳐 본 영어 쪽지 시험 점수를 각각 나타낸 것이다. 정우, 현진, 지연이의 5회의 영어 쪽지 시험 점수의 표준편차를 각각 a, b, c라 할 때, a, b, c의 대소 관계는?

> 정우 : 7, 7, 7, 7, 7
> 현진 : 5, 6, 7, 8, 9
> 지연 : 8, 6, 6, 6, 9

① $a<b<c$　　② $a<c<b$　　③ $b<a<c$
④ $b<c<a$　　⑤ $c<a<b$

10 자료의 각 변량 a, b, c에 대하여 a, b, c의 총합은 18이고, 각 변량의 제곱의 총합은 126일 때, 이 자료의 표준편차는?

① $\sqrt{6}$　　② $2\sqrt{6}$　　③ 5
④ 6　　⑤ $3\sqrt{6}$

11 그림은 10명의 몸무게와 허리둘레를 조사하여 나타낸 산점도이다. 허리둘레가 **80 cm** 이상이고 몸무게가 **60 kg** 이상인 사람은 전체의 몇 **%**인가?

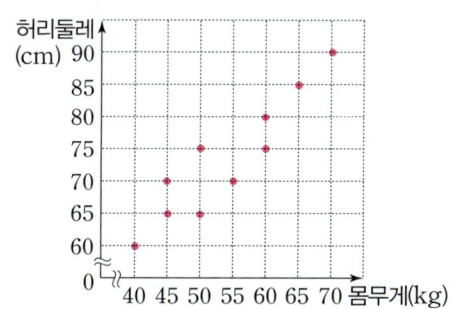

① 10 %　　② 15 %　　③ 20 %
④ 25 %　　⑤ 30 %

12 그림은 어느 학급 학생들의 앉은 키와 키를 조사하여 나타낸 산점도이다. 5명의 학생 **A, B, C, D, E** 중 키에 비하여 앉은 키가 큰 학생은?

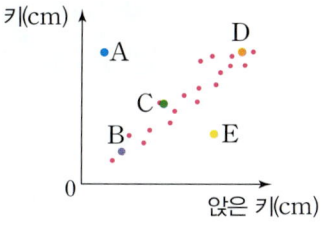

① A　　② B　　③ C
④ D　　⑤ E

13 다음 중 가장 강한 양의 상관관계를 나타내는 산점도는?

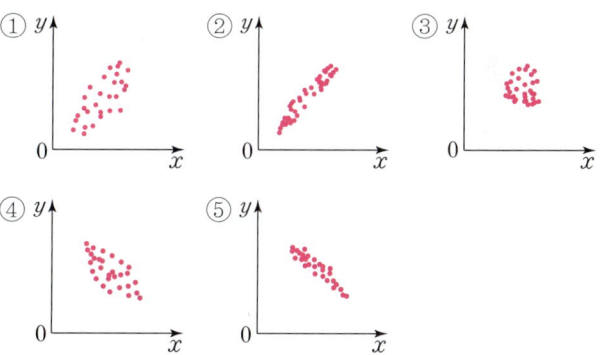

14 다음 [보기] 중에서 그림과 같은 상관관계를 가지는 것을 모두 고른 것은?

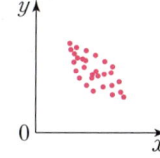

> ── [보기] ──
> ㄱ. 예금액(x)과 이자(y)
> ㄴ. 키(x)와 영어 성적(y)
> ㄷ. 난방비(x)와 기온(y)
> ㄹ. 하루의 낮의 길이(x)와 밤의 길이(y)
> ㅁ. 소비(x)와 저축(y)

① ㄱ, ㄴ, ㄷ　　② ㄱ, ㄷ, ㄹ　　③ ㄴ, ㄷ, ㅁ
④ ㄴ, ㄹ, ㅁ　　⑤ ㄷ, ㄹ, ㅁ

17 DAY

MIND MAP

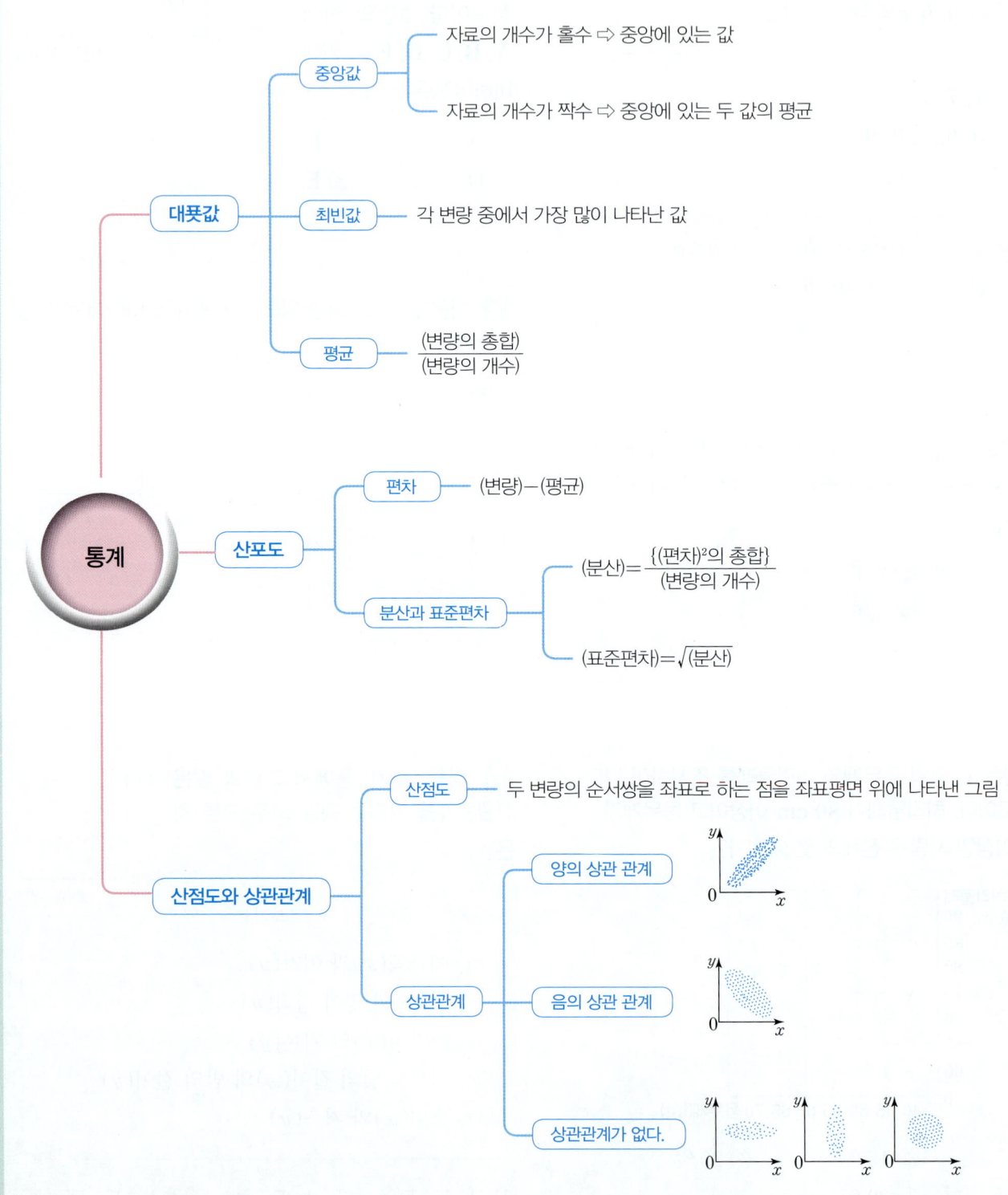

통계

대푯값

중앙값
- 자료의 개수가 홀수 ⇨ 중앙에 있는 값
- 자료의 개수가 짝수 ⇨ 중앙에 있는 두 값의 평균

최빈값 ─ 각 변량 중에서 가장 많이 나타난 값

평균 ─ $\dfrac{(변량의 \ 총합)}{(변량의 \ 개수)}$

산포도

편차 ─ (변량)−(평균)

분산과 표준편차
- $(분산) = \dfrac{\{(편차)^2의 \ 총합\}}{(변량의 \ 개수)}$
- $(표준편차) = \sqrt{(분산)}$

산점도와 상관관계

산점도 ─ 두 변량의 순서쌍을 좌표로 하는 점을 좌표평면 위에 나타낸 그림

상관관계
- 양의 상관 관계
- 음의 상관 관계
- 상관관계가 없다.

memo

memo

⊙ (주)수경출판사의 모든 교재에는 **마인드 트리**가 있습니다.

⊙ 교재의 **마인드 트리** 5개를 모아서 보내주시는 모든 분께 선물을 드립니다.

⊙ 각각 다른 교재의 **마인드 트리**를 모아 주셔야 됩니다.

> 다음 교재 중 1권과 개념정리 노트 1권을 드립니다.
- 형상기억 수학공식집(중1)
- 형상기억 수학공식집(중등 종합)
- 보카 레슨 Level **1**
- 보카 레슨 Level **2**
- 보카 레슨 Level **3**

중 1권 +  개념정리 노트 1권

⊙ 보내실 곳 : 서울시 영등포구 양평로 21길 26(양평동 5가) IS비즈타워 807호
(주)수경출판사 (우 07207)

⊙ 언제든지 엽서에 붙이거나, 편지 봉투에 넣어 보내 주세요.

*오려서 보내 주세요.

수력충전 중등 수학3(하)

풀이나 스카치 테이프를 이용해 붙여 주세요.

우 편 봉 함 엽 서

보내는 사람

*주소 _____

*이름 _____ *학년 (중____. 고 ____)

□ □ □ □ □

우표

받는 사람
서울시 영등포구 양평로 21길 26(양평동 5가)
IS비즈타워 807호
(주)수경출판사 교재 기획실

0 7 2 0 7

수력충전 중등 수학 3 (하)

자이스토리

Mind Tree

5개를 모아 보내 주세요!

(각각 다른 교재로)

---

1. 이 책을 구입하게 된 동기는 무엇입니까? [교재명 :   ]

① 서점에서 다른 책들과 비교해 보고   ② 광고를 보고/듣고   ③ 학교/학원 보충 교재 [학교명(학원명):   ]
④ 선생님의 추천   ⑤ 친구/선배의 권유   ⑥ 기타 [   ]

2. 교재를 선택할 때 가장 큰 기준이 되는 것은?(복수 응답 가능)

① 유명 출판사   ② 교재 내용   ③ 디자인   ④ 난이도
⑤ 교재 분량   ⑥ 해설   ⑦ 동영상 강의   ⑧ 기타 [   ]

3. 이 책의 전반적인 부분에 대한 질문입니다.

◆ 표지 디자인 : 좋다 □   보통이다 □   좋지 않다 □   ◆ 본문 디자인 : 좋다 □   보통이다 □   좋지 않다 □
◆ 문제 난이도 : 어렵다 □   알맞다 □   쉽다 □   ◆ 교재의 분량 : 많다 □   알맞다 □   적다 □

4. 이 책의 구성 요소를 평가한다면?

• 단원 개념 (   )   • 핵심 내용정리 (   )   • 개념 적용 / 연산 (   )
• 개념 체크 (   )   • 단원 총정리 (   )   • 해설/해답 (   )

① 매우 만족   ② 만족   ③ 보통   ④ 불만   ⑤ 매우 불만

Fighting!

외롭고 고된 자신과 싸움의 시간이 힘드셨죠?
꾹 참고 이겨내고 있는
당신의 모습에 경의를 보냅니다.
합격은 당신의 것입니다.

5. 이 책에서 추가되어야 할 점이 있다면 무엇입니까?

_____

_____

_____

6. 최근 본인이 크게 도움을 받은 책이 있다면?(또는 가장 인기있는 교재는?)

교재명 :   과목 :

_____

_____

7. 내가 원하는 교재가 있다면?

_____

_____

_____

_____

| 이름 : | 연락처 : | 이메일 : |
| 학 교 : | 학 년 : | |

❄ 마인드 트리를 붙이고 원하는 교재를 체크하세요.

| mind tree ★ 1 | mind tree ★ 2 | mind tree ★ 3 |

| mind tree ★ 4 | mind tree ★ 5 |

※ 원하는 교재를 **1권** 체크

☐ 형상기억
수학공식집
중1

☐ 형상기억
수학공식집
중등 종합

☐ 보카 레슨
Level 1

☐ 보카 레슨
Level 2

☐ 보카 레슨
Level 3

수학 기본 실력 100% 충전

수력 충전

DEVELOP YOUR BASIC SKILLS
GENERATE YOUR MATH POWER

개념 충전 ≫ 연산 훈련서

중등
수학 3
(하)

18%   35%   57%   73%   94%

[해설편]

자이스토리·수경출판사

수학 공식과 개념을 머릿속에 사진으로 저장!

형상기억 수학 공식집

[고등 수학 공식집]

- 수학Ⅰ+ 수학Ⅱ+ 확률과 통계
- 수학Ⅰ+ 수학Ⅱ+ 확률과 통계
  + 미적분 + 기하

[중등 수학 공식집]

- [학년편] 중2 수학 / 중3 수학
- [종합편] 중등 수학 종합 (중1+중2+중3)

❶ 개념의 압축 정리 + 공식의 형상화

내신 + 수능 대비를 위한 교과서 핵심 개념과 공식을 쉽게 공부할 수 있도록 압축 정리하였습니다. 또, 추상적인 개념이나 공식을 형상화하여 머릿속에 확실히 각인시킵니다.

❷ 한 권으로 끝내는 개념 + 공식 총정리

수학은 연계 + 계통 학습이 매우 중요합니다. 초등부터 고등까지 수학 개념의 연계 과정을 알 수 있게 단계별로 관련 내용을 정리하여 개념의 이해를 돕고, 확장 개념에 대한 수학적 사고력을 높여줍니다.

❸ 공식을 문제에 적용하는 훈련으로 수학 실력 완성

수학 공식은 단순히 외우기만 해서는 안 됩니다. 핵심 개념 문제와 종합 연습 문제를 통해 문제에 어떻게 적용하고 풀어야 하는지를 단계별로 학습하면 공식과 개념을 한 층 더 깊게 이해 할 수 있어 수학 실력이 쑥쑥 오릅니다.

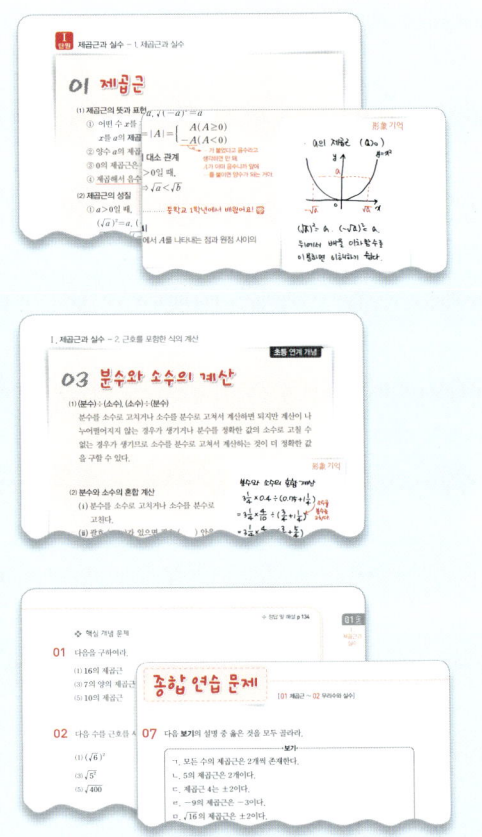

수학 기본 실력 100% 충전

수력충전

개념충전 » 연산 훈련서

중등 수학 3 (하)

[정답 및 해설]

자이스토리 · 수경출판사

Ⅴ - 1 삼각비

pp. 10~25

01 답 $\sin A = \dfrac{4}{5}$, $\cos A = \dfrac{3}{5}$, $\tan A = \dfrac{4}{3}$

$\sin A = \dfrac{\boxed{\overline{BC}}}{\overline{AC}} = \boxed{\dfrac{4}{5}}$, $\cos A = \dfrac{\boxed{\overline{AB}}}{\boxed{\overline{AC}}} = \boxed{\dfrac{3}{5}}$

$\tan A = \dfrac{\boxed{\overline{BC}}}{\boxed{\overline{AB}}} = \boxed{\dfrac{4}{3}}$

02 답 $\sin A = \dfrac{5}{13}$, $\cos A = \dfrac{12}{13}$, $\tan A = \dfrac{5}{12}$

03 답 $\sin A = \dfrac{3}{5}$, $\cos A = \dfrac{4}{5}$, $\tan A = \dfrac{3}{4}$

$\sin A = \dfrac{\boxed{6}}{10} = \boxed{\dfrac{3}{5}}$, $\cos A = \dfrac{\boxed{8}}{10} = \boxed{\dfrac{4}{5}}$

$\tan A = \dfrac{6}{\boxed{8}} = \boxed{\dfrac{3}{4}}$

04 답 $\sin A = \dfrac{1}{2}$, $\cos A = \dfrac{\sqrt{3}}{2}$, $\tan A = \dfrac{\sqrt{3}}{3}$

$\tan A = \dfrac{1}{\sqrt{3}} = \dfrac{\sqrt{3}}{3}$

05 답 $\sin A = \dfrac{\sqrt{2}}{2}$, $\cos A = \dfrac{\sqrt{2}}{2}$, $\tan A = 1$

$\sin A = \dfrac{1}{\sqrt{2}} = \dfrac{\sqrt{2}}{2}$, $\cos A = \dfrac{1}{\sqrt{2}} = \dfrac{\sqrt{2}}{2}$

$\tan A = \dfrac{1}{1} = 1$

06 답 $\sin C = \dfrac{3}{5}$, $\cos C = \dfrac{4}{5}$, $\tan C = \dfrac{3}{4}$

$\overline{AB} = \sqrt{\overline{AC}^2 - \overline{BC}^2} = \sqrt{5^2 - \boxed{4}^2} = \boxed{3}$ 이므로

$\sin C = \dfrac{\overline{AB}}{\overline{AC}} = \boxed{\dfrac{3}{5}}$, $\cos C = \dfrac{\overline{BC}}{\overline{AC}} = \boxed{\dfrac{4}{5}}$

$\tan C = \dfrac{\overline{AB}}{\overline{BC}} = \boxed{\dfrac{3}{4}}$

07 답 $\sin C = \dfrac{12}{13}$, $\cos C = \dfrac{5}{13}$, $\tan C = \dfrac{12}{5}$

08 답 $\sin C = \dfrac{2\sqrt{2}}{3}$, $\cos C = \dfrac{1}{3}$, $\tan C = 2\sqrt{2}$

$\tan C = \dfrac{2\sqrt{2}}{1} = 2\sqrt{2}$

09 답 $\sin C = \dfrac{2\sqrt{5}}{5}$, $\cos C = \dfrac{\sqrt{5}}{5}$, $\tan C = 2$

$\sin C = \dfrac{2}{\sqrt{5}} = \dfrac{2\sqrt{5}}{5}$, $\cos C = \dfrac{1}{\sqrt{5}} = \dfrac{\sqrt{5}}{5}$

$\tan C = \dfrac{2}{1} = 2$

10 답 $\sin C = \dfrac{1}{2}$, $\cos C = \dfrac{\sqrt{3}}{2}$, $\tan C = \dfrac{\sqrt{3}}{3}$

$\sin C = \dfrac{2}{4} = \dfrac{1}{2}$, $\cos C = \dfrac{2\sqrt{3}}{4} = \dfrac{\sqrt{3}}{2}$

$\tan C = \dfrac{2}{2\sqrt{3}} = \dfrac{\sqrt{3}}{3}$

11 답 $\sin C = \dfrac{3}{5}$, $\cos C = \dfrac{4}{5}$, $\tan C = \dfrac{3}{4}$

$\sin C = \dfrac{6}{10} = \dfrac{3}{5}$, $\cos C = \dfrac{8}{10} = \dfrac{4}{5}$

$\tan C = \dfrac{6}{8} = \dfrac{3}{4}$

12 답 $\sin C = \dfrac{3\sqrt{10}}{10}$, $\cos C = \dfrac{\sqrt{10}}{10}$, $\tan C = 3$

$\sin C = \dfrac{3}{\sqrt{10}} = \dfrac{3\sqrt{10}}{10}$, $\cos C = \dfrac{1}{\sqrt{10}} = \dfrac{\sqrt{10}}{10}$

$\tan C = \dfrac{3}{1} = 3$

13 답 $\sin C = \dfrac{2\sqrt{7}}{7}$, $\cos C = \dfrac{\sqrt{21}}{7}$, $\tan C = \dfrac{2\sqrt{3}}{3}$

$\sin C = \dfrac{8}{4\sqrt{7}} = \dfrac{2\sqrt{7}}{7}$, $\cos C = \dfrac{4\sqrt{3}}{4\sqrt{7}} = \dfrac{\sqrt{21}}{7}$

$\tan C = \dfrac{8}{4\sqrt{3}} = \dfrac{2\sqrt{3}}{3}$

14 답 $5\sqrt{2}$

$\sin A = \dfrac{\overline{BC}}{\overline{AC}} = \dfrac{x}{10} = \dfrac{\sqrt{2}}{2}$

$\therefore x = \dfrac{\sqrt{2}}{2} \times 10 = \boxed{5\sqrt{2}}$

15 답 $3\sqrt{2}$

$\cos A = \dfrac{x}{5\sqrt{2}} = \dfrac{3}{5}$　$\therefore x = \dfrac{3}{5} \times 5\sqrt{2} = 3\sqrt{2}$

16 답 4

$\tan A = \dfrac{x}{6} = \dfrac{2}{3}$　$\therefore x = \dfrac{2}{3} \times 6 = 4$

17 답 $\dfrac{4\sqrt{15}}{3}$

$\sin A = \dfrac{\sqrt{5}}{x} = \dfrac{\sqrt{3}}{4}$

$\therefore x = \sqrt{5} \div \dfrac{\sqrt{3}}{4} = \sqrt{5} \times \dfrac{4}{\sqrt{3}} = \dfrac{4\sqrt{15}}{3}$

18 답 **6**

$\cos C = \dfrac{x}{9} = \dfrac{2}{3}$ $\therefore x = \dfrac{2}{3} \times 9 = 6$

19 답 **12**

$\tan C = \dfrac{x}{4} = 3$ $\therefore x = 3 \times 4 = 12$

20 답 **1)** 삼각비 **2)** $\dfrac{\overline{BC}}{\overline{AC}}, \dfrac{a}{b}, \dfrac{\overline{AB}}{\overline{AC}}, \dfrac{c}{b}, \dfrac{\overline{BC}}{\overline{AB}}, \dfrac{a}{c}$

21 답 $\cos A = \dfrac{3}{5},\ \tan A = \dfrac{4}{3}$

$\sin A = \dfrac{4}{5}$ 이므로 $\overline{AC}=5$, $\overline{BC}=4$인

직각삼각형 ABC를 생각하면

$\overline{AB} = \sqrt{5^2 - 4^2} = \boxed{3}$ 이다.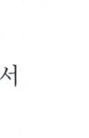

즉, 이 직각삼각형 ABC에서

$\cos A = \dfrac{\overline{AB}}{\overline{AC}} = \boxed{\dfrac{3}{5}}$

$\tan A = \dfrac{\overline{BC}}{\overline{AB}} = \boxed{\dfrac{4}{3}}$

22 답 $\sin A = \dfrac{\sqrt{5}}{3},\ \tan A = \dfrac{\sqrt{5}}{2}$

$\cos A = \dfrac{2}{3}$ 이므로 $\overline{AC}=3$, $\overline{AB}=2$인

직각삼각형 ABC를 생각하면

$\overline{BC} = \sqrt{3^2 - 2^2} = \sqrt{5}$ 이다.

즉, 이 직각삼각형 ABC에서

$\sin A = \dfrac{\sqrt{5}}{3}$, $\tan A = \dfrac{\sqrt{5}}{2}$

23 답 $\sin A = \dfrac{5}{13},\ \cos A = \dfrac{12}{13}$

$\tan A = \dfrac{5}{12}$ 이므로

$\overline{AB}=12$, $\overline{BC}=5$인

직각삼각형 ABC를 생각하면

$\overline{AC} = \sqrt{12^2 + 5^2} = 13$ 이다.

즉, 이 직각삼각형 ABC에서

$\sin A = \dfrac{5}{13}$, $\cos A = \dfrac{12}{13}$

24 답 $\sin C = \dfrac{2\sqrt{5}}{5},\ \cos C = \dfrac{\sqrt{5}}{5}$

$\tan C = 2$ 이므로 $\overline{AB}=2$, $\overline{BC}=1$인

직각삼각형 ABC를 생각하면

$\overline{AC} = \sqrt{2^2 + 1^2} = \sqrt{5}$ 이다.

즉, 이 직각삼각형 ABC에서

$\sin C = \dfrac{2}{\sqrt{5}} = \dfrac{2\sqrt{5}}{5}$, $\cos C = \dfrac{1}{\sqrt{5}} = \dfrac{\sqrt{5}}{5}$

25 답 직각삼각형, 피타고라스

26 답 $\dfrac{\sqrt{3}}{2}$

$\triangle ABC \backsim \triangle \boxed{DBA}$ 이므로 $\angle x = \angle \boxed{C}$

$\therefore \sin x = \sin \boxed{C} = \boxed{\dfrac{\sqrt{3}}{2}}$

27 답 $\dfrac{1}{2}$

$\triangle ABC \backsim \triangle DBA$ 이므로 $\angle x = \angle C$

$\therefore \cos x = \cos C = \dfrac{1}{2}$

28 답 $\sqrt{3}$

$\triangle ABC \backsim \triangle DBA$ 이므로 $\angle x = \angle C$

$\therefore \tan x = \tan C = \dfrac{\sqrt{3}}{1} = \sqrt{3}$

29 답 $\dfrac{1}{2}$

$\triangle ABC \backsim \triangle DAC$ 이므로 $\angle y = \angle B$

$\therefore \sin y = \sin B = \dfrac{1}{2}$

30 답 $\dfrac{\sqrt{3}}{2}$

$\triangle ABC \backsim \triangle DAC$ 이므로 $\angle y = \angle B$

$\therefore \cos y = \cos B = \dfrac{\sqrt{3}}{2}$

31 답 $\dfrac{\sqrt{3}}{3}$

$\triangle ABC \backsim \triangle DAC$ 이므로 $\angle y = \angle B$

$\therefore \tan y = \tan B = \dfrac{1}{\sqrt{3}} = \dfrac{\sqrt{3}}{3}$

32 답 **10**

$\overline{BC} = \sqrt{\overline{AB}^2 + \overline{AC}^2} = \sqrt{6^2 + 8^2} = \sqrt{100} = 10$

33 답 $\dfrac{3}{5}$

$\triangle ABC \backsim \triangle DBA$ 이므로 $\angle x = \angle C$

$\therefore \sin x = \sin C = \dfrac{6}{10} = \dfrac{3}{5}$

34 답 $\dfrac{4}{5}$

$\triangle ABC \backsim \triangle DBA$ 이므로 $\angle x = \angle C$

$\therefore \cos x = \cos C = \dfrac{8}{10} = \dfrac{4}{5}$

35 답 $\dfrac{4}{5}$

$\triangle ABC \backsim \triangle DAC$이므로 $\angle y = \angle B$

$\therefore \sin y = \sin B = \dfrac{8}{10} = \dfrac{4}{5}$

36 답 $\dfrac{3}{5}$

$\triangle ABC \backsim \triangle DAC$이므로 $\angle y = \angle B$

$\therefore \cos y = \cos B = \dfrac{6}{10} = \dfrac{3}{5}$

37 답 $\dfrac{3}{5}$

$\triangle ABC \backsim \triangle \boxed{DEC}$이므로 $\angle x = \angle \boxed{A}$

$\therefore \sin x = \sin \boxed{A} = \boxed{\dfrac{3}{5}}$

38 답 $\dfrac{\sqrt{2}}{2}$

$\triangle ABC \backsim \triangle DBE$이므로 $\angle x = \angle A$

$\therefore \sin x = \sin A = \dfrac{4}{4\sqrt{2}} = \dfrac{\sqrt{2}}{2}$

39 답 $\dfrac{12}{13}$

$\triangle ABC \backsim \triangle EBD$이므로 $\angle x = \angle C$

$\therefore \sin x = \sin C = \dfrac{12}{13}$

40 답 $\dfrac{4}{5}$

$\triangle ABC \backsim \triangle EBD$이므로 $\angle x = \angle C$

$\therefore \sin x = \sin C = \dfrac{8}{10} = \dfrac{4}{5}$

41 답 $\dfrac{\sqrt{2}}{2}$

$\overline{FH} = \boxed{9\sqrt{2}}$이고, 삼각형 DFH는 $\angle \boxed{H} = 90°$인 직각삼각형이므로

$\tan x = \dfrac{\overline{DH}}{\overline{FH}} = \dfrac{9}{\boxed{9\sqrt{2}}} = \boxed{\dfrac{\sqrt{2}}{2}}$

42 답 $\dfrac{\sqrt{3}}{3}$

$\overline{FH} = \boxed{5\sqrt{2}}$이므로 $\overline{BH} = \boxed{5\sqrt{3}}$이다.

삼각형 BFH는 $\angle \boxed{F} = 90°$인 직각삼각형이므로

$\sin x = \dfrac{\overline{BF}}{\overline{BH}} = \dfrac{5}{\boxed{5\sqrt{3}}} = \boxed{\dfrac{\sqrt{3}}{3}}$

43 답 $\dfrac{\sqrt{6}}{3}$

$\overline{EG} = 8\sqrt{2}$, $\overline{AG} = 8\sqrt{3}$이고, 삼각형 AEG는 $\angle E = 90°$인 직각삼각형이므로 $\cos x = \dfrac{\overline{EG}}{\overline{AG}} = \dfrac{8\sqrt{2}}{8\sqrt{3}} = \dfrac{\sqrt{6}}{3}$

44 답 $\dfrac{3}{5}$

삼각형 ABC에서 $\angle A = x$, $\angle B = y$라 하면 두 삼각형 AOC, OBC는 각각 이등변삼각형이므로 $\angle OCA = \boxed{x}$, $\angle OCB = \boxed{y}$ 이다.

이때, 삼각형의 세 내각의 크기의 합은 $180°$이므로

$\angle A + \angle B + \angle C = x + y + (\boxed{x+y}) = 180°$에서 $x + y = 90°$

즉, 삼각형 ABC는 $\angle C = 90°$인 직각삼각형이고,

$\overline{AB} = \sqrt{8^2 + 6^2} = \sqrt{\boxed{100}} = \boxed{10}$이므로

$\sin A = \dfrac{\overline{BC}}{\overline{AB}} = \dfrac{6}{\boxed{10}} = \boxed{\dfrac{3}{5}}$

45 답 $\dfrac{5\sqrt{6}}{12}$

$\angle ACB = 90°$이고, $\overline{AB} = 14$, $\overline{AC} = \sqrt{14^2 - 10^2} = \sqrt{96} = 4\sqrt{6}$ 이므로

$\tan A = \dfrac{\overline{BC}}{\overline{AC}} = \dfrac{10}{4\sqrt{6}} = \dfrac{5\sqrt{6}}{12}$

46 답 닮음, 대응각, 삼각비

47 답 $\sqrt{2}$

(주어진 식) $= \boxed{\dfrac{\sqrt{2}}{2}} + \dfrac{\sqrt{2}}{2} = \boxed{\sqrt{2}}$

48 답 $\dfrac{1+\sqrt{3}}{2}$

(주어진 식) $= \dfrac{1}{2} + \dfrac{\sqrt{3}}{2} = \dfrac{1+\sqrt{3}}{2}$

49 답 1

(주어진 식) $= \dfrac{1}{2} + \dfrac{1}{2} = 1$

50 답 $\dfrac{1}{2}$

(주어진 식) $= 1 - \dfrac{1}{2} = \dfrac{1}{2}$

51 답 $\dfrac{\sqrt{2}}{4}$

(주어진 식) $= \dfrac{\sqrt{2}}{2} \times \dfrac{1}{2} = \dfrac{\sqrt{2}}{4}$

52 답 $\dfrac{1}{2}$

(주어진 식)$=\dfrac{\sqrt{3}}{3}\times\dfrac{\sqrt{3}}{2}=\dfrac{1}{2}$

53 답 $\dfrac{1}{2}$

(주어진 식)$=\dfrac{\sqrt{2}}{2}\times\dfrac{\sqrt{2}}{2}=\dfrac{1}{2}$

54 답 $60°$

$\sin 60°=\dfrac{\sqrt{3}}{2}$이므로 $A=60°$

55 답 $45°$

$\sin 45°=\dfrac{\sqrt{2}}{2}$이므로 $A=45°$

56 답 $60°$

$\cos 60°=\dfrac{1}{2}$이므로 $A=60°$

57 답 $45°$

$\cos 45°=\dfrac{\sqrt{2}}{2}$이므로 $A=45°$

58 답 $30°$

$\tan 30°=\dfrac{\sqrt{3}}{3}$이므로 $A=30°$

59 답 $45°$

$\tan 45°=1$이므로 $A=45°$

60 답 8

$\sin 60°=\dfrac{\sqrt{3}}{2}$이므로 $\dfrac{\boxed{4\sqrt{3}}}{x}=\dfrac{\sqrt{3}}{2}$

$\therefore x=\boxed{4\sqrt{3}}\times\dfrac{2}{\sqrt{3}}=\boxed{8}$

61 답 $3\sqrt{3}$

$\cos 30°=\dfrac{\sqrt{3}}{2}$이므로 $\dfrac{x}{6}=\dfrac{\sqrt{3}}{2}$ $\therefore x=3\sqrt{3}$

62 답 $\sqrt{2}$

$\tan 45°=1$이므로 $\dfrac{\sqrt{2}}{x}=1$ $\therefore x=\sqrt{2}$

63 답 2

$\tan 60°=\sqrt{3}$이므로 $\dfrac{2\sqrt{3}}{x}=\sqrt{3}$ $\therefore x=2$

64 답 $2\sqrt{3}$

직각삼각형 ABD에서 $\sin B=\sin 45°=\dfrac{\sqrt{2}}{2}$이므로

$\dfrac{\overline{AD}}{3\sqrt{2}}=\dfrac{\sqrt{2}}{2}$ $\therefore \overline{AD}=\boxed{3}$

직각삼각형 ADC에서 $\sin C=\sin 60°=\dfrac{\sqrt{3}}{2}$이므로

$\dfrac{\boxed{3}}{x}=\dfrac{\sqrt{3}}{2}$ $\therefore x=\boxed{2\sqrt{3}}$

65 답 4

직각삼각형 ADC에서 $\tan D=\tan 60°=\sqrt{3}$이므로

$\dfrac{\overline{AC}}{2}=\sqrt{3}$ $\therefore \overline{AC}=2\sqrt{3}$

직각삼각형 ABC에서 $\tan B=\tan 30°=\dfrac{\sqrt{3}}{3}$이므로

$\dfrac{2\sqrt{3}}{x+2}=\dfrac{\sqrt{3}}{3}$에서 $x+2=6$ $\therefore x=4$

66 답 $3-\sqrt{3}$

직각삼각형 ABD에서 $\tan D=\tan 45°=1$이므로

$\dfrac{\sqrt{3}}{\overline{BD}}=1$ $\therefore \overline{BD}=\sqrt{3}$

직각삼각형 ABC에서 $\tan C=\tan 30°=\dfrac{\sqrt{3}}{3}$이므로

$\dfrac{\sqrt{3}}{\sqrt{3}+x}=\dfrac{\sqrt{3}}{3}$에서 $\sqrt{3}+x=3$ $\therefore x=3-\sqrt{3}$

67 답 8

직각삼각형 BCD에서 $\tan D=\tan 45°=1$이므로

$\dfrac{\overline{BC}}{4\sqrt{3}}=1$ $\therefore \overline{BC}=4\sqrt{3}$

직각삼각형 ABC에서 $\cos C=\cos 30°=\dfrac{\sqrt{3}}{2}$이므로

$\dfrac{4\sqrt{3}}{x}=\dfrac{\sqrt{3}}{2}$ $\therefore x=8$

68 답 $3\sqrt{6}$

직각삼각형 BCD에서 $\tan B=\tan 30°=\dfrac{\sqrt{3}}{3}$이므로

$\dfrac{6}{\overline{BC}}=\dfrac{\sqrt{3}}{3}$ $\therefore \overline{BC}=6\sqrt{3}$

직각삼각형 ABC에서 $\sin C=\sin 45°=\dfrac{\sqrt{2}}{2}$이므로

$\dfrac{x}{6\sqrt{3}}=\dfrac{\sqrt{2}}{2}$ $\therefore x=3\sqrt{6}$

69 답 $2\sqrt{6}$

직각삼각형 ABC에서 $\cos C=\cos 30°=\dfrac{\sqrt{3}}{2}$이므로

$\dfrac{\overline{AC}}{8}=\dfrac{\sqrt{3}}{2}$ $\therefore \overline{AC}=4\sqrt{3}$

직각삼각형 ACD에서 $\cos A=\cos 45°=\dfrac{\sqrt{2}}{2}$이므로

$\dfrac{x}{4\sqrt{3}}=\dfrac{\sqrt{2}}{2}$ $\therefore x=2\sqrt{6}$

70 답 $y=\dfrac{\sqrt{3}}{3}x+2$

(기울기)$=\tan 30°=\boxed{\dfrac{\sqrt{3}}{3}}$

(y절편)$=2$ $\therefore y=\boxed{\dfrac{\sqrt{3}}{3}}x+\boxed{2}$

71 답 $y=\sqrt{3}x+4$

(기울기)$=\tan 60°=\sqrt{3}$, (y절편)$=4$ $\therefore y=\sqrt{3}x+4$

72 답 $y=-x+3$

(기울기)<0이므로 (기울기)$=-\tan 45°=\boxed{-1}$

(y절편)$=3$ $\therefore y=\boxed{-x}+3$

73 답 $y=-\sqrt{3}x-5$

(기울기)<0이므로 (기울기)$=-\tan 60°=-\sqrt{3}$

(y절편)$=-5$ $\therefore y=-\sqrt{3}x-5$

74 답 $5\sqrt{2}$

$\cos 45°=\dfrac{\sqrt{2}}{2}=\dfrac{\boxed{5}}{\overline{\text{AB}}}$ ($\because \angle\text{C}=90°$) $\therefore \overline{\text{AB}}=\boxed{5\sqrt{2}}$

75 답 14

$\sin 30°=\dfrac{1}{2}=\dfrac{7}{\overline{\text{AB}}}$ ($\because \angle\text{C}=90°$) $\therefore \overline{\text{AB}}=14$

76 답 $10\sqrt{2}$

$\angle\text{CAB}=90°-45°=45°$

$\cos 45°=\dfrac{\sqrt{2}}{2}=\dfrac{10}{\overline{\text{AC}}}$ ($\because \angle\text{B}=90°$) $\therefore \overline{\text{AC}}=10\sqrt{2}$

77 답 $\dfrac{1}{2}, \dfrac{\sqrt{2}}{2}, \dfrac{\sqrt{3}}{2}, \dfrac{\sqrt{3}}{2}, \dfrac{\sqrt{2}}{2}, \dfrac{1}{2}, \dfrac{\sqrt{3}}{3}, 1, \sqrt{3}$

78 답 ○

$\tan x=\dfrac{\boxed{\overline{\text{CD}}}}{\boxed{\overline{\text{OD}}}}=\boxed{\overline{\text{CD}}}$

79 답 ×

$\sin y=\dfrac{\overline{\text{OB}}}{\overline{\text{OA}}}=\overline{\text{OB}}$

80 답 ○

$\cos y=\dfrac{\overline{\text{AB}}}{\overline{\text{OA}}}=\overline{\text{AB}}$

81 답 ×

$\overline{\text{AB}}/\!/\boxed{\overline{\text{CD}}}$이므로 $z=\boxed{y}$ $\therefore \sin z=\sin \boxed{y}=\boxed{\overline{\text{OB}}}$

82 답 ○

$\overline{\text{AB}}/\!/\overline{\text{CD}}$이므로 $z=y$ $\therefore \cos z=\cos y=\overline{\text{AB}}$

83 답 0.7660

84 답 0.6428

85 답 1.1918

86 답 0.6428

$\sin 40°=\dfrac{\overline{\text{AC}}}{\overline{\text{OA}}}$

$=\dfrac{0.6428}{1}$

$=0.6428$

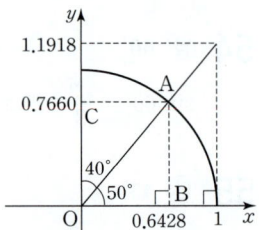

87 답 $\overline{\text{AB}}, \overline{\text{OB}}, \overline{\text{CD}}$

88 답 1

89 답 1

90 답 정할 수 없다.

91 답 0

92 답 0

93 답 0

94 답 1

(주어진 식)$=2\times\boxed{1}-\boxed{1}=\boxed{1}$

95 답 -2

(주어진 식)$=0\times 1-2\times 1=-2$

96 답 0

(주어진 식)$=4\times\sqrt{3}\times\dfrac{\sqrt{3}}{2}-\dfrac{3}{\dfrac{1}{2}}=6-6=0$

97 답 1

(주어진 식)$=\left(\dfrac{\sqrt{3}}{2}\right)^2+\left(\dfrac{1}{2}\right)^2=1$

98 답 $0, 1, 0, 1, 0,$ 정할 수 없다.

99 답 $<$

$\sin 30°=\boxed{\dfrac{1}{2}}\boxed{<}\sin 60°=\boxed{\dfrac{\sqrt{3}}{2}}$

100 답 >

$\cos 30° = \dfrac{\sqrt{3}}{2} > \cos 60° = \dfrac{1}{2}$

101 답 <

$\tan 30° = \dfrac{\sqrt{3}}{3} < \tan 60° = \sqrt{3}$

102 답 >

$\cos 45° = \dfrac{\sqrt{2}}{2} > \cos 90° = 0$

103 답 <

$\sin 0° = 0 < \sin 90° = 1$

104 답 <

$\sin 34° \fbox{<} \sin 45° = \dfrac{\sqrt{2}}{2}$ 이고,

$\cos 34° \fbox{>} \cos 45° = \dfrac{\sqrt{2}}{2}$ 이므로

$\sin 34° \fbox{<} \cos 34°$

105 답 <

$\sin 0° = 0,\ \cos 0° = 1 \qquad \therefore\ \sin 0° < \cos 0°$

106 답 >

$\tan 61° > \tan 60° = \sqrt{3}$

$\dfrac{\sqrt{3}}{2} = \sin 60° < \sin 80° < \sin 90° = 1$

$\therefore\ \tan 61° > \sin 80°$

107 답 0, 1, 0, 1, 1, 0, 0, 1, 0, 무한히, 0

108 답 0.5592

109 답 0.6018

110 답 0.8090

111 답 0.8480

112 답 0.7002

113 답 0.6494

114 답 55°

115 답 53°

116 답 50°

117 답 51°

118 답 54°

$\sin x = \dfrac{2.4270}{3} = 0.8090$ 이므로 $x = \fbox{54°}$

119 답 90.63

$\cos 25° = \dfrac{x}{100} = \fbox{0.9063} \qquad \therefore\ x = \fbox{90.63}$

120 답 2.5475

$\tan 27° = \dfrac{x}{5} = 0.5095 \qquad \therefore\ x = 2.5475$

121 답 5.8176

$\sin 29° = \dfrac{x}{12} = 0.4848 \qquad \therefore\ x = 5.8176$

122 답 7.128

$\cos 27° = \dfrac{x}{8} = 0.8910 \qquad \therefore\ x = 7.128$

123 답 7

$\sin A = \dfrac{6.82}{10} = 0.682 \qquad \therefore\ A = \fbox{43°}$

$\cos A = \cos \fbox{43°} = \dfrac{x}{10} = \fbox{0.7314}$

$\therefore\ x = \fbox{7.314} ≒ \fbox{7}$

124 답 6

$\cos A = \dfrac{7.66}{10} = 0.766 \qquad \therefore\ A = 40°$

$\sin A = \sin 40° = \dfrac{x}{10} = 0.6428 \qquad \therefore\ x = 6.428 ≒ 6$

125 답 **1)** 삼각비, 0°, 90° **2)** 삼각비, 가로줄, 세로줄

V – 2 삼각비의 활용

126 답 **10.8**

$\sin 46° = \dfrac{x}{15}$

$\therefore x = 15\sin 46° = 15 \times \boxed{0.72} = \boxed{10.8}$

127 답 **13.8**

$\cos 46° = \dfrac{x}{20}$ $\therefore x = 20\cos 46° = 20 \times 0.69 = 13.8$

128 답 **16.64**

$\tan 46° = \dfrac{x}{16}$ $\therefore x = 16\tan 46° = 16 \times 1.04 = 16.64$

129 답 **13**

$\tan 22° = \dfrac{5}{x}$ $\therefore x = \dfrac{5}{\tan 22°} = \dfrac{5}{0.40} = 12.5 \fallingdotseq 13$

130 답 **20**

$\sin 30° = \dfrac{10}{x}$ $\therefore x = \dfrac{10}{\sin 30°} = \dfrac{10}{0.5} = 20$

131 답 **10**

$\cos 35° = \dfrac{8}{x}$ $\therefore x = \dfrac{8}{\cos 35°} = \dfrac{8}{0.82} = 9.7\cdots \fallingdotseq 10$

132 답 **400 cm³**

$\overline{FG} = 10\cos 45° = \boxed{5\sqrt{2}}\,(\text{cm})$

$\overline{CG} = 10\sin 45° = \boxed{5\sqrt{2}}\,(\text{cm})$

$\therefore (\text{부피}) = \boxed{5\sqrt{2}} \times \boxed{5\sqrt{2}} \times 8 = \boxed{400}\,(\text{cm}^3)$

133 답 **96√3 cm³**

$\overline{FG} = 8\cos 60° = 4\,(\text{cm})$

$\overline{CG} = 8\sin 60° = 4\sqrt{3}\,(\text{cm})$

$\therefore (\text{부피}) = 4 \times 4\sqrt{3} \times 6 = 96\sqrt{3}\,(\text{cm}^3)$

134 답 **9√3π cm³**

$\overline{BO} = 6\cos 60° = 3\,(\text{cm})$

$\overline{AO} = 6\sin 60° = 3\sqrt{3}\,(\text{cm})$

$\therefore (\text{부피}) = \dfrac{1}{3} \times (\pi \times 3^2) \times 3\sqrt{3} = 9\sqrt{3}\pi\,(\text{cm}^3)$

135 답 **7.3 m**

$\tan 36° = \dfrac{\overline{BC}}{10}$

$\therefore \overline{BC} = 10\tan 36° = 10 \times \boxed{0.73} = \boxed{7.3}\,(\text{m})$

136 답 **17 m**

$\overline{BC} = 20\cos 32° = 20 \times 0.85 = 17\,(\text{m})$

137 답 **15.8 m**

$\overline{BC} = 10\tan 30° + 10\tan 45°$

$= 10 \times 0.58 + 10 \times 1 = 15.8\,(\text{m})$

138 답 **1) $c\cos B$, $c\sin B$ 2) $a\tan B$, $\dfrac{a}{\cos B}$**

3) $\dfrac{b}{\tan B}$, $\dfrac{b}{\sin B}$

139 답 **4√3**

$\overline{AH} = 8\sin 60° = 4\sqrt{3}$

140 답 **4**

$\overline{CH} = 8\cos 60° = 4$

141 답 **14**

$\overline{BH} = \overline{BC} - \overline{CH} = 18 - 4 = 14$

142 답 **2√61**

$\overline{AB} = \sqrt{14^2 + (4\sqrt{3})^2} = \sqrt{244} = 2\sqrt{61}$

143 답 **4√7**

점 A에서 변 BC에 내린
수선의 발을 H라 하면

$\overline{AH} = 8\sqrt{3}\sin 30° = 4\sqrt{3}$

$\overline{BH} = 8\sqrt{3}\cos 30° = 12$

$\overline{CH} = 20 - 12 = 8$

$\therefore x = \sqrt{(4\sqrt{3})^2 + 8^2} = \sqrt{112} = 4\sqrt{7}$

144 답 **2√5**

점 A에서 변 BC에 내린
수선의 발을 H라 하면

$\overline{AH} = 2\sqrt{2}\sin 45° = 2$

$\overline{BH} = 2\sqrt{2}\cos 45° = 2$

$\overline{CH} = 6 - 2 = 4$

$\therefore x = \sqrt{2^2 + 4^2} = \sqrt{20} = 2\sqrt{5}$

145 답 **수선, $c\sin B$, $a - c\cos B$, $\sqrt{(c\sin B)^2 + (a - c\cos B)^2}$**

146 답 **6√3**

$\overline{AH} = 12\sin 60° = 6\sqrt{3}$

147 답 **6**

$\overline{\text{CH}} = 12\cos 60° = 6$

148 답 **$12\sqrt{3}$**

$\overline{\text{AB}} = \dfrac{6\sqrt{3}}{\sin 30°} = 12\sqrt{3}$

149 답 **18**

$\overline{\text{BH}} = \dfrac{6\sqrt{3}}{\tan 30°} = 18$

150 답 **60°**

$\angle \text{A} = 180° - (75° + 45°) = 60°$

151 답 **$3\sqrt{3}$**

직각삼각형 BCH에서 $\overline{\text{BH}} = 3\sqrt{6}\sin 45° = 3\sqrt{3}$

152 답 **6**

직각삼각형 ABH에서 $\dfrac{\overline{\text{BH}}}{x} = \sin\boxed{60°}$

$\therefore x = \dfrac{\overline{\text{BH}}}{\sin\boxed{60°}} = 3\sqrt{3} \div \boxed{\dfrac{\sqrt{3}}{2}} = \boxed{6}$

153 답 **$2\sqrt{3}$**

삼각형 ABC에서 $\angle \text{B} = 180° - (60° + 75°) = \boxed{45°}$

점 C에서 변 AB에 내린 수선의 발을 H라 하면

직각삼각형 BCH에서 $\overline{\text{CH}} = 3\sqrt{2}\sin\boxed{45°} = \boxed{3}$

직각삼각형 CAH에서 $\dfrac{\overline{\text{CH}}}{x} = \sin 60°$

$\therefore x = \dfrac{\overline{\text{CH}}}{\sin 60°} = \boxed{3} \div \boxed{\dfrac{\sqrt{3}}{2}} = \boxed{2\sqrt{3}}$

154 답 **$4\sqrt{2}$**

점 B에서 변 AC에 내린 수선의 발을 H라 하면

직각삼각형 BCH에서

$\overline{\text{BH}} = 4\sin 45° = 2\sqrt{2}$

이때, $\angle \text{A} = 30°$이므로 직각삼각형 ABH에서

$x = \dfrac{\overline{\text{BH}}}{\sin 30°} = 2\sqrt{2} \div \dfrac{1}{2} = 4\sqrt{2}$

155 답 **$2\sqrt{6}$**

점 C에서 변 AB에 내린 수선의 발을 H라 하면

직각삼각형 BCH에서

$\overline{\text{CH}} = 4\sin 60° = 2\sqrt{3}$

이때, $\angle \text{A} = 45°$이므로 직각삼각형 AHC에서

$x = \dfrac{\overline{\text{CH}}}{\sin 45°} = 2\sqrt{3} \div \dfrac{\sqrt{2}}{2} = 2\sqrt{6}$

156 답 **$5\sqrt{2}$**

점 C에서 변 AB에 내린 수선의 발을 H라 하면

직각삼각형 BCH에서

$\overline{\text{CH}} = 10\sin 30° = 5$

이때, $\angle \text{A} = 45°$이므로 직각삼각형 AHC에서

$x = \dfrac{\overline{\text{CH}}}{\sin 45°} = 5 \div \dfrac{\sqrt{2}}{2} = 5\sqrt{2}$

157 답 **$\dfrac{4\sqrt{3}}{3}$**

점 C에서 변 AB에 내린 수선의 발을 H라 하면

직각삼각형 BCH에서

$\overline{\text{CH}} = 2\sqrt{2}\sin 45° = 2$

이때, $\angle \text{A} = 60°$이므로 직각삼각형 AHC에서

$x = \dfrac{\overline{\text{CH}}}{\sin 60°} = 2 \div \dfrac{\sqrt{3}}{2} = \dfrac{4\sqrt{3}}{3}$

158 답 **수선, $a\sin B$, $a\sin C$, $\dfrac{a\sin B}{\sin A}$, $\dfrac{a\sin C}{\sin A}$**

159 답 **$h\tan(90° - a)$**

$\angle \text{BAH} = 90° - \boxed{a}$이므로 $\tan(90° - \boxed{a}) = \dfrac{\overline{\text{BH}}}{h}$에서

$\overline{\text{BH}} = h\tan(90° - \boxed{a})$

160 답 **$h\tan(90° - b)$**

$\angle \text{CAH} = 90° - b$이므로 $\tan(90° - b) = \dfrac{\overline{\text{CH}}}{h}$에서

$\overline{\text{CH}} = h\tan(90° - b)$

161 답 **$h = \dfrac{10}{\tan(90° - a) + \tan(90° - b)}$**

$h\tan(90° - a) + h\tan(90° - b) = \overline{\text{BH}} + \overline{\text{CH}} = 10$

$\therefore h = \dfrac{10}{\tan(90° - a) + \tan(90° - b)}$

162 답 **$4\sqrt{3}$**

$h = \dfrac{\boxed{16}}{\tan 30° + \tan 60°} = \dfrac{\boxed{16}}{\dfrac{\sqrt{3}}{3} + \sqrt{3}}$

$= \dfrac{\boxed{48}}{\sqrt{3} + 3\sqrt{3}} = \boxed{4\sqrt{3}}$

163 답 **$15 - 5\sqrt{3}$**

$h = \dfrac{10}{\tan 30° + \tan 45°} = \dfrac{10}{\dfrac{\sqrt{3}}{3} + 1}$

$= \dfrac{30}{\sqrt{3} + 3} = \dfrac{30(3 - \sqrt{3})}{6} = 15 - 5\sqrt{3}$

164 답 **$\dfrac{a}{\tan(90° - B) + \tan(90° - C)}$**

165 답 $h\tan(90°-a)$

$\angle BAH=90°-\boxed{a}$ 이므로

$\tan(90°-\boxed{a})=\dfrac{\overline{BH}}{h}$ 에서

$\overline{BH}=h\tan(90°-\boxed{a})$

166 답 $h\tan(90°-b)$

$\angle CAH=90°-b$ 이므로

$\tan(90°-b)=\dfrac{\overline{CH}}{h}$ 에서

$\overline{CH}=h\tan(90°-b)$

167 답 $h=\dfrac{10}{\tan(90°-a)-\tan(90°-b)}$

$h\tan(90°-a)-h\tan(90°-b)=\overline{BH}-\overline{CH}=10$

$\therefore h=\dfrac{10}{\tan(90°-a)-\tan(90°-b)}$

168 답 $5\sqrt{3}+5$

$h=\dfrac{10}{\tan(90°-30°)-\tan(90°-45°)}$

$\quad=\dfrac{10}{\sqrt{3}-1}=5\sqrt{3}+5$

169 답 $27+9\sqrt{3}$

$h=\dfrac{\boxed{18}}{\tan45°-\tan30°}=\dfrac{\boxed{18}}{1-\dfrac{\sqrt{3}}{3}}$

$\quad=\dfrac{\boxed{54}}{3-\sqrt{3}}=\boxed{27+9\sqrt{3}}$

170 답 $8\sqrt{3}+8$

$\angle ACH=180°-135°=45°$ 이므로

$h=\dfrac{16}{\tan60°-\tan45°}=\dfrac{16}{\sqrt{3}-1}=8\sqrt{3}+8$

171 답 $\dfrac{a}{\tan(90°-x)-\tan(90°-y)}$

172 답 $7\sqrt{2}$

$\triangle ABC=\dfrac{1}{2}\times4\times7\times\sin\boxed{45°}$

$\quad=\dfrac{1}{2}\times4\times7\times\boxed{\dfrac{\sqrt{2}}{2}}=\boxed{7\sqrt{2}}$

173 답 15

$\triangle ABC=\dfrac{1}{2}\times2\sqrt{3}\times10\times\sin60°$

$\quad=\dfrac{1}{2}\times2\sqrt{3}\times10\times\dfrac{\sqrt{3}}{2}=15$

174 답 $9\sqrt{2}$

$\triangle ABC=\dfrac{1}{2}\times4\sqrt{2}\times9\times\sin30°$

$\quad=\dfrac{1}{2}\times4\sqrt{2}\times9\times\dfrac{1}{2}=9\sqrt{2}$

175 답 $21\sqrt{3}$

$\angle B=180°-(35°+85°)=\boxed{60°}$ 이므로

$\triangle ABC=\dfrac{1}{2}\times14\times6\times\sin\boxed{60°}$

$\quad=\dfrac{1}{2}\times14\times6\times\boxed{\dfrac{\sqrt{3}}{2}}=\boxed{21\sqrt{3}}$

176 답 45

$\angle A=180°-2\times75°=30°$ 이므로

$\triangle ABC=\dfrac{1}{2}\times6\sqrt{5}\times6\sqrt{5}\times\sin30°$

$\quad=\dfrac{1}{2}\times6\sqrt{5}\times6\sqrt{5}\times\dfrac{1}{2}=45$

177 답 $2\sqrt{3}$

$\angle B=60°$ 이고, $\overline{AB}=\overline{AC}$ 이므로

삼각형 ABC는 정삼각형이다. 즉, $\overline{AB}=\overline{AC}=2\sqrt{2}$,

$\angle A=60°$ 이므로

$\triangle ABC=\dfrac{1}{2}\times2\sqrt{2}\times2\sqrt{2}\times\sin60°$

$\quad=\dfrac{1}{2}\times2\sqrt{2}\times2\sqrt{2}\times\dfrac{\sqrt{3}}{2}=2\sqrt{3}$

178 답 $\dfrac{27}{2}$

$\triangle ABC=\dfrac{1}{2}\times6\times3\sqrt{3}\times\sin(180°-\boxed{120°})$

$\quad=\dfrac{1}{2}\times6\times3\sqrt{3}\times\boxed{\dfrac{\sqrt{3}}{2}}=\boxed{\dfrac{27}{2}}$

179 답 12

$\triangle ABC=\dfrac{1}{2}\times6\sqrt{2}\times4\times\sin(180°-135°)$

$\quad=\dfrac{1}{2}\times6\sqrt{2}\times4\times\dfrac{\sqrt{2}}{2}=12$

180 답 9

$\triangle ABC=\dfrac{1}{2}\times3\sqrt{6}\times2\sqrt{6}\times\sin(180°-150°)$

$\quad=\dfrac{1}{2}\times3\sqrt{6}\times2\sqrt{6}\times\dfrac{1}{2}=9$

181 답 $20\sqrt{3}$

$\triangle ABC=\dfrac{1}{2}\times10\times8\times\sin(180°-120°)$

$\quad=\dfrac{1}{2}\times10\times8\times\dfrac{\sqrt{3}}{2}=20\sqrt{3}$

182 답 $10\sqrt{3}$

$\angle B = 180° - (40° + 20°) = \boxed{120°}$ 이므로

$\triangle ABC = \dfrac{1}{2} \times 8 \times 5 \times \sin(180° - \boxed{120°})$

$\quad = \dfrac{1}{2} \times 8 \times 5 \times \boxed{\dfrac{\sqrt{3}}{2}} = \boxed{10\sqrt{3}}$

183 답 $6\sqrt{6}$

$\angle C = 180° - (25° + 20°) = 135°$ 이므로

$\triangle ABC = \dfrac{1}{2} \times 4\sqrt{2} \times 3\sqrt{6} \times \sin(180° - 135°)$

$\quad = \dfrac{1}{2} \times 4\sqrt{2} \times 3\sqrt{6} \times \dfrac{\sqrt{2}}{2} = 6\sqrt{6}$

184 답 100

$\overline{AC} = \overline{BC}$ 이므로 삼각형 ABC는

$\angle C = 180° - 2 \times 15° = 150°$ 인 이등변삼각형이다.

$\therefore \triangle ABC = \dfrac{1}{2} \times 20 \times 20 \times \sin(180° - 150°)$

$\quad = \dfrac{1}{2} \times 20 \times 20 \times \dfrac{1}{2} = 100$

185 답 1) $\sin B$ 2) $\sin(180° - B)$

186 답 $36\sqrt{3}$

$\square ABCD = 8 \times 9 \times \sin \boxed{60°}$

$\quad = 8 \times 9 \times \boxed{\dfrac{\sqrt{3}}{2}} = \boxed{36\sqrt{3}}$

187 답 30

$\square ABCD = 6 \times 10 \times \sin 30° = 6 \times 10 \times \dfrac{1}{2} = 30$

188 답 $16\sqrt{2}$

$\square ABCD = 8 \times 4 \times \sin 45° = 8 \times 4 \times \dfrac{\sqrt{2}}{2} = 16\sqrt{2}$

189 답 120

$\square ABCD = 12 \times 10\sqrt{2} \times \sin(180° - 135°)$

$\quad = 12 \times 10\sqrt{2} \times \dfrac{\sqrt{2}}{2} = 120$

190 답 12

$\square ABCD = 4 \times 2\sqrt{3} \times \sin(180° - 120°)$

$\quad = 4 \times 2\sqrt{3} \times \dfrac{\sqrt{3}}{2} = 12$

191 답 21

$\square ABCD = 6 \times 7 \times \sin(180° - 150°) = 6 \times 7 \times \dfrac{1}{2} = 21$

192 답 $14\sqrt{3}$

$\square ABCD = \dfrac{1}{2} \times 7 \times 4\sqrt{6} \times \sin \boxed{45°}$

$\quad = \dfrac{1}{2} \times 7 \times 4\sqrt{6} \times \boxed{\dfrac{\sqrt{2}}{2}} = \boxed{14\sqrt{3}}$

193 답 $56\sqrt{3}$

$\square ABCD = \dfrac{1}{2} \times 14 \times 16 \times \sin 60°$

$\quad = \dfrac{1}{2} \times 14 \times 16 \times \dfrac{\sqrt{3}}{2} = 56\sqrt{3}$

194 답 $15\sqrt{2}$

$\square ABCD = \dfrac{1}{2} \times 3\sqrt{5} \times 4\sqrt{5} \times \sin(180° - 135°)$

$\quad = \dfrac{1}{2} \times 3\sqrt{5} \times 4\sqrt{5} \times \dfrac{\sqrt{2}}{2} = 15\sqrt{2}$

195 답 28

네 각이 모두 직각이므로 사각형 ABCD는 직사각형이다.
직사각형의 두 대각선의 길이는 서로 같으므로

$\square ABCD = \dfrac{1}{2} \times 4\sqrt{7} \times 4\sqrt{7} \times \sin 30°$

$\quad = \dfrac{1}{2} \times 4\sqrt{7} \times 4\sqrt{7} \times \dfrac{1}{2} = 28$

196 답 180

네 각이 모두 직각이고, 네 변의 길이가 모두 같으므로 사각형 ABCD는 정사각형이다. 정사각형의 두 대각선의 길이는 서로 같고, 두 대각선은 서로 직교하므로

$\square ABCD = \dfrac{1}{2} \times 6\sqrt{10} \times 6\sqrt{10} \times \sin 90°$

$\quad = \dfrac{1}{2} \times 6\sqrt{10} \times 6\sqrt{10} \times 1 = 180$

197 답 18

네 변의 길이가 모두 같으므로 사각형 ABCD는 마름모이다. 마름모의 두 대각선은 서로 직교하므로

$\square ABCD = \dfrac{1}{2} \times 3\sqrt{6} \times 2\sqrt{6} \times \sin 90°$

$\quad = \dfrac{1}{2} \times 3\sqrt{6} \times 2\sqrt{6} \times 1 = 18$

198 답 $9 + 12\sqrt{3}$

두 점 B, D를 지나는 대각선을 그으면

$\square ABCD$

$= \triangle ABD + \triangle BCD$

$= \dfrac{1}{2} \times 6 \times 2\sqrt{3} \times \boxed{\dfrac{\sqrt{3}}{2}} + \dfrac{1}{2} \times 6 \times 8 \times \boxed{\dfrac{\sqrt{3}}{2}}$

$= \boxed{9 + 12\sqrt{3}}$

199
답 $\dfrac{3\sqrt2}{2}+12$

두 점 B, D를 지나는 대각선을 그으면

□ABCD
$= \triangle ABD + \triangle BCD$
$= \dfrac{1}{2} \times 3 \times 2\sqrt2 \times \dfrac{1}{2} + \dfrac{1}{2} \times 6\sqrt2 \times 4 \times \dfrac{\sqrt2}{2}$
$= \dfrac{3\sqrt2}{2} + 12$

200
답 $54\sqrt3$

색칠된 육각형은 정육각형이고, 이것은 한 변의 길이가
$\boxed{6}$ 인 정삼각형 $\boxed{6}$ 개의 넓이의 합과 같으므로
$\boxed{6} \times \left(\dfrac{1}{2} \times \boxed{6} \times \boxed{6} \times \dfrac{\sqrt3}{2} \right) = \boxed{54\sqrt3}$

201
답 $6\sqrt3$

색칠한 부분의 넓이는 한 변의 길이가 2인 정삼각형 6개
의 넓이의 합과 같으므로
$6 \times \left(\dfrac{1}{2} \times 2 \times 2 \times \dfrac{\sqrt3}{2} \right) = 6\sqrt3$

202
답 $4\sqrt2$

색칠한 부분의 넓이는 두 변의 길이가 $\sqrt2$이고 그 끼인각의
크기가 45°인 이등변삼각형 8개의 넓이의 합과 같으므로
$8 \times \left(\dfrac{1}{2} \times \sqrt2 \times \sqrt2 \times \dfrac{\sqrt2}{2} \right) = 4\sqrt2$

203
답 $72\sqrt2$

색칠한 부분의 넓이는 두 변의 길이가 6이고 그 끼인각의
크기가 45°인 이등변삼각형 8개의 넓이의 합과 같으므로
$8 \times \left(\dfrac{1}{2} \times 6 \times 6 \times \dfrac{\sqrt2}{2} \right) = 72\sqrt2$

204
답 $35\sqrt6$

□ABCD
$= \dfrac{1}{2} \times (8+6) \times (4\sqrt2 + \boxed{6\sqrt2}) \times \boxed{\dfrac{\sqrt3}{2}}$
$= \boxed{35\sqrt6}$

205
답 $15\sqrt6$

□ABCD $= \dfrac{1}{2} \times (4+6) \times (2\sqrt3 + 4\sqrt3) \times \dfrac{\sqrt2}{2} = 15\sqrt6$

206
답 1) $\sin B, \sin(180°-B)$

2) $\dfrac{1}{2}ab\sin x, \dfrac{1}{2}ab\sin(180°-x)$

단원 총정리 문제 정답   V 삼각비

01 ①	**02** ⑤	**03** ③	**04** ④ **05** 3.09
06 $2\sin x$		**07** ④	**08** ② **09** 206
10 ②	**11** ①	**12** ③	**13** $\dfrac{4\sqrt3}{3}$ cm^2
14 ⑤	**15** 4		

01
답 ①

피타고라스 정리에 의하여
$\overline{AC}^2 = \overline{AB}^2 + \overline{BC}^2$
$= 4^2 + 3^2 = 16 + 9 = 25$
따라서 $\overline{AC} = 5$이므로
$\sin A = \dfrac{\overline{BC}}{\overline{AC}} = \dfrac{3}{5}$

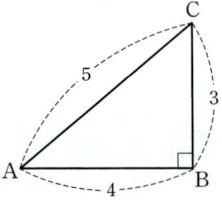

02
답 ⑤

① $\tan 45° - \sin 30° = 1 - \dfrac{1}{2} = \dfrac{1}{2}$

② $\cos 45° - \sin 45° = \dfrac{\sqrt2}{2} - \dfrac{\sqrt2}{2} = 0$

③ $\cos 45° \div \sin 45° = \dfrac{\sqrt2}{2} \div \dfrac{\sqrt2}{2} = 1$

④ $\cos 30° \times \sin 60° = \dfrac{\sqrt3}{2} \times \dfrac{\sqrt3}{2} = \dfrac{3}{4}$

⑤ $\tan 45° \div \cos 60° = 1 \div \dfrac{1}{2} = 1 \times 2 = 2$

따라서 가장 큰 값은 ⑤이다.

03
답 ③

$\cos 30° = \dfrac{x}{10}$에서
$\dfrac{\sqrt3}{2} = \dfrac{x}{10}$
$\therefore x = \dfrac{\sqrt3}{2} \times 10 = 5\sqrt3$

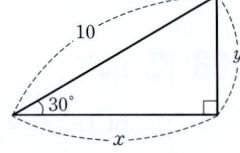

또, $\sin 30° = \dfrac{y}{10}$에서 $\dfrac{1}{2} = \dfrac{y}{10}$ $\therefore y = \dfrac{1}{2} \times 10 = 5$

$\therefore x + y = 5\sqrt3 + 5 = 5(\sqrt3 + 1)$

04
답 ④

④ $x = 45°$이면 $\cos 45° = \sin 45° = \dfrac{\sqrt2}{2}$이므로

$\cos x = \sin x$가 성립한다.

05
답 3.09

직각삼각형 ABC에서
$\angle A = 72°$이므로
$\angle B = 90° - \angle A$
$= 90° - 72° = 18°$

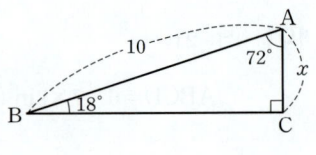

이때, $\sin B = \dfrac{\overline{AC}}{\overline{AB}}$에서 $\sin 18° = \dfrac{x}{10}$이고 삼각비의 표에서 $\sin 18° = 0.3090$이므로

$x = 10 \times \sin 18° = 10 \times 0.3090 = 3.09$

06 답 $2\sin x$

$45° < x < 90°$이면 $\cos x < \sin x$이므로

$\sqrt{(\cos x - \sin x)^2} = -(\cos x - \sin x) = \sin x - \cos x$

$\therefore \sin x + \cos x + \sqrt{(\cos x - \sin x)^2}$

$\qquad = \sin x + \cos x + \sin x - \cos x = 2\sin x$

07 답 ④

삼각형 ABC의 세 내각의 크기가 각각

$\angle A = x$, $\angle B = 2x$, $\angle C = 3x$이므로

$\angle A + \angle B + \angle C = 180°$에서

$x + 2x + 3x = 180°$

$6x = 180°$ $\quad \therefore x = 30°$

따라서 $\angle A = 30°$, $\angle B = 60°$, $\angle C = 90°$이므로

$\cos A \times \tan B \times \sin C$

$= \cos 30° \times \tan 60° \times \sin 90°$

$= \dfrac{\sqrt{3}}{2} \times \sqrt{3} \times 1 = \dfrac{3}{2}$

08 답 ②

사각형 EFGH는 직사각형이므로

$\overline{EF} = \overline{HG} = 3$

삼각형 EFG는 직각삼각형이므로 피타고라스 정리에 의하여

$\overline{EG}^2 = \overline{EF}^2 + \overline{FG}^2$

$\qquad = 3^2 + 4^2 = 9 + 16 = 25$

$\therefore \overline{EG} = 5$

또, $\overline{AE} = \overline{DH} = 5$이므로 직각삼각형 AEG에서

$\tan x = \dfrac{\overline{AE}}{\overline{EG}} = \dfrac{5}{5} = 1$

09 답 **206**

직각삼각형 ABC에서 $\tan B = \dfrac{\overline{AC}}{\overline{BC}}$이고

$\overline{BC} = x$ cm이므로

$\tan 27° = \dfrac{105}{x}$에서

$0.51 = \dfrac{105}{x}$

$\therefore x = \dfrac{105}{0.51} = 205.8 \cdots ≒ 206$

따라서 구하는 x의 값은 206이다.

10 답 ②

$\overline{BC} = \overline{BH} + \overline{HC}$이므로

먼저 두 선분 BH와 HC의

길이를 각각 구하자.

직각삼각형 ABH에서

$\cos 45° = \dfrac{\overline{BH}}{\overline{AB}}$이므로

$\dfrac{\sqrt{2}}{2} = \dfrac{\overline{BH}}{4\sqrt{2}}$

$\therefore \overline{BH} = \dfrac{\sqrt{2}}{2} \times 4\sqrt{2} = 4(\text{cm})$

또, $\sin 45° = \dfrac{\overline{AH}}{\overline{AB}}$이므로 $\dfrac{\sqrt{2}}{2} = \dfrac{\overline{AH}}{4\sqrt{2}}$

$\therefore \overline{AH} = \dfrac{\sqrt{2}}{2} \times 4\sqrt{2} = 4(\text{cm})$

한편, 직각삼각형 AHC에서 피타고라스 정리에 의하여

$\overline{AC}^2 = \overline{AH}^2 + \overline{HC}^2$이므로 $5^2 = 4^2 + \overline{HC}^2$에서

$\overline{HC}^2 = 25 - 16 = 9$ $\quad \therefore \overline{HC} = 3$ cm

$\therefore \overline{BC} = \overline{BH} + \overline{HC} = 4 + 3 = 7(\text{cm})$

11 답 ①

직각삼각형 ABH에서

$\tan 60° = \dfrac{h}{\overline{BH}}$이므로

$\sqrt{3} = \dfrac{h}{\overline{BH}}$

$\therefore \overline{BH} = \dfrac{h}{\sqrt{3}} = \dfrac{\sqrt{3}}{3}h$

또, 직각삼각형 AHC에서 $\tan 30° = \dfrac{h}{\overline{CH}}$이므로

$\dfrac{\sqrt{3}}{3} = \dfrac{h}{\overline{CH}}$ $\quad \therefore \overline{CH} = \dfrac{3h}{\sqrt{3}} = \sqrt{3}h$

이때, $\overline{BC} = \overline{BH} + \overline{HC}$이므로

$4 = \dfrac{\sqrt{3}}{3}h + \sqrt{3}h$에서 $4 = \dfrac{4\sqrt{3}}{3}h$

$\therefore h = 4 \times \dfrac{3}{4\sqrt{3}} = \sqrt{3}$

[다른 풀이]

$\angle ABH = 60°$, $\angle ACH = 30°$이므로

$\angle BAC = 180° - (60° + 30°) = 90°$

이때, 직각삼각형 ABC에서

$\overline{AB} = 4\cos 60° = 4 \times \dfrac{1}{2} = 2$

$\overline{AC} = 4\cos 30° = 4 \times \dfrac{\sqrt{3}}{2} = 2\sqrt{3}$

따라서 직각삼각형 ABC의 넓이에 의하여

$\triangle ABC = \dfrac{1}{2} \times \overline{AB} \times \overline{AC} = \dfrac{1}{2} \times \overline{BC} \times \overline{AH}$에서

$\dfrac{1}{2} \times 2 \times 2\sqrt{3} = \dfrac{1}{2} \times 4 \times h$ $\quad \therefore h = \sqrt{3}$

12 답 ③

주어진 삼각형 ABC의 넓이는

$\triangle ABC = \dfrac{1}{2} \times 2 \times x \times \sin 30° = \dfrac{1}{2} \times 2 \times x \times \dfrac{1}{2} = \dfrac{1}{2}x$

이때, 삼각형 ABC의 넓이가 2 cm²이므로

$\dfrac{1}{2}x = 2$에서 $x = 4$

13 답 $\dfrac{4\sqrt{3}}{3}$ cm²

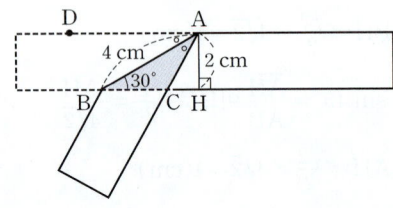

그림과 같이 점 D를 잡고, 점 A에서 직선 BC에 내린 수선의 발을 H라 하자.

선분 AB가 접는 선이므로 $\angle DAB = \angle BAC$ ⋯ ㉠

또, 평행선의 성질에 의하여 $\angle DAB = \angle ABC = 30°$ ⋯ ㉡

㉠, ㉡에 의하여 $\angle BAC = \angle ABC = 30°$이므로 삼각형 ABC는 $\overline{AC} = \overline{BC}$인 이등변삼각형이다.

한편, $\angle ACH$는 삼각형 ABC의 한 외각이므로 외각의 성질에 의하여 $\angle ACH = 60°$이다.

즉, 직각삼각형 ACH에서 $\sin 60° = \dfrac{\overline{AH}}{\overline{AC}}$이므로

$\dfrac{\sqrt{3}}{2} = \dfrac{2}{\overline{AC}}$ $\therefore \overline{AC} = 2 \times \dfrac{2}{\sqrt{3}} = \dfrac{4\sqrt{3}}{3}$ (cm)

$\therefore \triangle ABC = \dfrac{1}{2} \times \overline{AB} \times \overline{AC} \times \sin(\angle BAC)$

$= \dfrac{1}{2} \times 4 \times \dfrac{4\sqrt{3}}{3} \times \sin 30° = \dfrac{4\sqrt{3}}{3}$ (cm²)

14 답 ⑤

$\overline{AB} = 2$ cm, $\overline{AD} = \overline{BC} = 4$ cm이므로

$\square ABCD = \overline{AB} \times \overline{AD} \times \sin(180° - 120°)$

$= 2 \times 4 \times \sin 60° = 2 \times 4 \times \dfrac{\sqrt{3}}{2} = 4\sqrt{3}$ (cm²)

15 답 4

정삼각형의 한 내각의 크기는 60°이므로 한 변의 길이가 a cm인 정삼각형의 넓이는

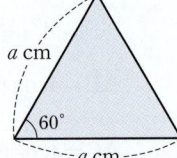

$\dfrac{1}{2} \times a \times a \times \sin 60°$

$= \dfrac{1}{2} \times a \times a \times \dfrac{\sqrt{3}}{2} = \dfrac{\sqrt{3}}{4}a^2$ (cm²)

이 정삼각형의 넓이가 $4\sqrt{3}$ cm²이므로

$\dfrac{\sqrt{3}}{4}a^2 = 4\sqrt{3}$에서 $a^2 = 16$, 즉 $a^2 = 4^2$ $\therefore a = 4$

Ⅵ 원의 성질

Ⅵ－1 원과 직선

pp. 44~56

01 답 5

한 원에서 크기가 같은 두 중심각에 대한 [현]의 길이는 서로 같다.

$\therefore x = \boxed{5}$

02 답 7

03 답 10

04 답 100°

한 원에서 길이가 같은 두 현에 대한 [중심각]의 크기는 서로 같다.

$\therefore x = \boxed{100°}$

05 답 90°

06 답 120°

07 답 4

한 원에서 중심각의 크기가 $\boxed{40°}$로 같으므로 호의 길이도 서로 같다. $\therefore x = \boxed{4}$

08 답 8

09 답 12

10 답 15

11 답 40°

한 원에서 호의 길이가 $\boxed{4}$ cm로 같으므로 중심각의 크기도 서로 같다. $\therefore \angle x = \boxed{40°}$

12 답 50°

13 답 80°

14 답 110°

15 답 6

한 원에서 중심각의 크기와 호의 길이는 정비례하므로

$3 : x = 20° : \boxed{40°}$ $\therefore x = \boxed{6}$

16 답 **4**

$x : 8 = 40° : 80°$ ∴ $x = 4$

17 답 **6**

$x : 9 = 30° : 45°$ ∴ $x = 6$

18 답 **15**

$5 : x = 30° : 90°$ ∴ $x = 15$

19 답 **30°**

한 원에서 중심각의 크기와 호의 길이는 정비례하므로

$\boxed{60°} : \angle x = 8 : 4$

∴ $\angle x = \boxed{30°}$

20 답 **50°**

$\angle x : 25° = 16 : 8$ ∴ $\angle x = 50°$

21 답 **40°**

$\angle x : 120° = 4 : 12$ ∴ $\angle x = 40°$

22 답 **1)** $\overarc{CD}$, $\overline{CD}$ **2)** $\angle COD$ **3)** 정비례

4) 정비례하지 않는다.

23 답 **5**

원의 중심에서 현에 내린 수선은 그 현을 $\boxed{이등분}$ 하므로

$\overline{AM} = \overline{BM} = \boxed{5}$ cm

∴ $x = \boxed{5}$

24 답 **7**

$\overline{BM} = \overline{AM} = 7$ cm ∴ $x = 7$

25 답 **4**

$\overline{BM} = \overline{AM} = 4$ cm ∴ $x = 4$

26 답 **3**

$\overline{BM} = \overline{AM} = 3$ cm ∴ $x = 3$

27 답 **8**

$\overline{AM} = \sqrt{5^2 - 3^2} = \boxed{4}$ (cm), $\overline{AB} = 2\overline{AM}$이므로

$x = 2 \times \boxed{4} = \boxed{8}$

28 답 **$2\sqrt{33}$**

$\overline{BM} = \sqrt{7^2 - 4^2} = \sqrt{33}$ (cm), $\overline{AB} = 2\overline{BM}$이므로

$x = 2 \times \sqrt{33} = 2\sqrt{33}$

29 답 **6**

$\overline{AM} = \dfrac{1}{2}\overline{AB} = \dfrac{1}{2} \times 16 = 8$(cm)이므로

$x = \sqrt{10^2 - 8^2} = \sqrt{36} = 6$

30 답 **6**

$\overline{BM} = \dfrac{1}{2}\overline{AB} = \dfrac{1}{2} \times 24 = 12$(cm)이므로

$x = \sqrt{(6\sqrt{5})^2 - 12^2} = \sqrt{36} = 6$

31 답 **$2\sqrt{13}$**

$x^2 = 6^2 + 4^2$ ∴ $x = \sqrt{52} = 2\sqrt{13}$

32 답 **5**

$x^2 = 4^2 + 3^2$ ∴ $x = \sqrt{25} = 5$

33 답 **$\dfrac{13}{2}$**

$\overline{OM} = (x-4)$ cm이므로 직각삼각형 OMB에서

$x^2 = (x-4)^2 + \boxed{6}^2$ ∴ $x = \boxed{\dfrac{13}{2}}$

34 답 **$\dfrac{15}{2}$**

$\overline{OM} = (x-3)$ cm이므로 직각삼각형 OMB에서

$x^2 = (x-3)^2 + 6^2$ ∴ $x = \dfrac{15}{2}$

35 답 **6 cm**

원 O의 중심 O에서 보조선 OA, OB를 긋고 반지름의 길이를 $\overline{OB} = x$ cm라 하면 직각삼각형 OMB에서

$x^2 = (x - \boxed{3})^2 + (3\sqrt{3})^2$

$\boxed{6}\,x = 36$

∴ $x = \boxed{6}$

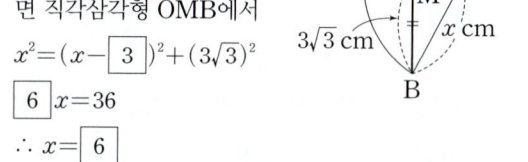

36 답 **10 cm**

원 O의 중심 O에서 보조선 OA, OB, OM을 긋고 반지름의 길이를 $\overline{OB} = x$ cm라 하면 직각삼각형 OMB에서

$x^2 = (x-4)^2 + 8^2$, $8x = 80$ ∴ $x = 10$

37 답 **10 cm**

원 O의 중심 O에서 보조선 OA, OB, OM을 긋고 반지름의 길이를 $\overline{OB} = x$ cm라 하면 직각삼각형 OMB에서

$x^2 = (x-2)^2 + 6^2$, $4x = 40$ ∴ $x = 10$

38 답 **1)** 이등분 **2)** 중심

39 답 8

원의 중심에서 같은 거리에 있는 두 현 의 길이는 서로 같다.   ∴ $x=$ 8

40 답 10

41 답 12

42 답 8

길이가 같은 두 현 은 원의 중심으로부터 같은 거리에 있다.   ∴ $x=$ 8

43 답 5

44 답 6

45 답 8

$x=2\times4=8$

46 답 10

$x=2\times5=10$

47 답 6

$\overline{AM}=\sqrt{5^2-4^2}=$ 3 (cm)이고

$\overline{AB}=2\overline{AM}$, $\overline{AB}=x$ cm이므로

$x=2\times$ 3 $=$ 6

48 답 16

$x=2\times\sqrt{10^2-6^2}=2\times\sqrt{64}=2\times8=16$

49 답 50°

$\overline{OM}=\overline{ON}$이므로 $\overline{AB}=\overline{AC}$

즉, 삼각형 ABC는 이등변삼각형이므로

$\angle x=180°-2\times$ 65° $=$ 50°

50 답 60°

$\angle x=180°-2\times60°=60°$

51 답 55°

$\angle x=\frac{1}{2}\times(180°-70°)=55°$

52 답 1) 같다 2) 같은

53 답 80°

$\angle OAP=\angle OBP=$ 90° 이므로

$\angle x=360°-($ 90° $+$ 90° $+100°)=$ 80°

54 답 60°

$\angle x=360°-(90°+90°+120°)=60°$

55 답 70°

$\angle x=360°-(90°+90°+110°)=70°$

56 답 130°

$\angle x=360°-(90°+90°+50°)=130°$

57 답 100°

$\angle x=360°-(90°+90°+80°)=100°$

58 답 150°

$\angle x=360°-(90°+90°+30°)=150°$

59 답 $3\sqrt{3}$

직각삼각형 OPT에서 $6^2=$ 3 $^2+x^2$

$x^2=$ 27   ∴ $x=$ $3\sqrt{3}$

60 답 15

직각삼각형 OPT에서 $17^2=8^2+x^2$

$x^2=225$ ∴ $x=15$

61 답 $3\sqrt{5}$

직각삼각형 OPT에서 $7^2=2^2+x^2$

$x^2=45$ ∴ $x=3\sqrt{5}$

62 답 $2\sqrt{5}$

직각삼각형 OPT에서 $6^2=4^2+x^2$

$x^2=20$ ∴ $x=2\sqrt{5}$

63 답 $5\sqrt{6}$ cm²

$\overline{PT}=\sqrt{7^2-5^2}=\sqrt{24}=$ $2\sqrt{6}$ (cm)

∴ $\triangle OPT=\frac{1}{2}\times$ $2\sqrt{6}$ $\times5=$ $5\sqrt{6}$ (cm^2)

64 답 $8\sqrt{3}$ cm²

$\overline{PT}=\sqrt{8^2-4^2}=\sqrt{48}=4\sqrt{3}(cm)$

∴ $\triangle OPT=\frac{1}{2}\times4\sqrt{3}\times4=8\sqrt{3}(cm^2)$

65 답 30 cm²

$\overline{PT}=\sqrt{13^2-5^2}=\sqrt{144}=12(cm)$

∴ $\triangle OPT=\frac{1}{2}\times12\times5=30(cm^2)$

66 답 1) 원의 접선의 길이 2) 2, 같다

67 답 **4**

$\overline{BE}=\overline{BD}=(10-x)$ cm,

$\overline{CE}=\overline{CF}=(\boxed{9}-x)$ cm이므로

$(10-x)+(\boxed{9}-x)=11$ ∴ $x=\boxed{4}$

68 답 **3**

$(10-x)+(8-x)=12$ ∴ $x=3$

69 답 **4**

$(6-x)+(7-x)=5$ ∴ $x=4$

70 답 **25**

$x+y+z=\dfrac{1}{2}(\overline{AB}+\overline{BC}+\boxed{\overline{CA}})$

$=\dfrac{1}{2}\times(14+17+\boxed{19})=\boxed{25}$

71 답 **19**

$x+y+z=\dfrac{1}{2}\times(14+11+13)=19$

72 답 **12**

$x+y+z=\dfrac{1}{2}\times(6+10+8)=12$

73 답 **1**

$\overline{AB}=\sqrt{5^2-4^2}=\sqrt{\boxed{9}}=\boxed{3}$ (cm)이고

$\overline{AF}=\overline{AD}=(3-r)$ cm,

$\overline{CF}=\overline{CE}=(4-r)$ cm이므로

$(3-r)+(4-r)=\boxed{5}$ ∴ $r=\boxed{1}$

74 답 **2**

$\overline{AB}=\sqrt{13^2-5^2}=\sqrt{144}=12$ (cm)

$(12-r)+(5-r)=13$ ∴ $r=2$

75 답 **3**

$\overline{BC}=\sqrt{17^2-8^2}=\sqrt{225}=15$ (cm)

$(8-r)+(15-r)=17$ ∴ $r=3$

76 답 **2**

$\overline{AB}=\sqrt{8^2+6^2}=\sqrt{100}=10$ (cm)

$(6-r)+(8-r)=10$ ∴ $r=2$

77 답 **4π cm²**

$\overline{AB}=(4+r)$ cm, $\overline{AC}=(6+r)$ cm이므로

$(4+r)^2+(6+r)^2=\boxed{10}^2$, $r^2+10r-24=0$

$(r+\boxed{12})(r-\boxed{2})=0$ ∴ $r=\boxed{2}$ (∵ $r>0$)

∴ (원 O의 넓이)$=\pi\times\boxed{2}^2=\boxed{4}\pi$ (cm²)

78 답 **π cm²**

$(3+r)^2+(2+r)^2=5^2$, $r^2+5r-6=0$

$(r+6)(r-1)=0$ ∴ $r=1$ (∵ $r>0$)

∴ (원 O의 넓이)$=\pi\times1^2=\pi$ (cm²)

79 답 **9π cm²**

$(6+r)^2+(9+r)^2=15^2$, $r^2+15r-54=0$

$(r+18)(r-3)=0$ ∴ $r=3$ (∵ $r>0$)

∴ (원 O의 넓이)$=\pi\times3^2=9\pi$ (cm²)

80 답 **1)** $\overline{AF}$, $\overline{BE}$, $\overline{CF}$ **2)** $2(x+y+z)$

3) $\dfrac{1}{2}r(a+b+c)$

81 답 **5**

$\overline{AB}+\overline{DC}=\overline{AD}+\overline{BC}$이므로

$6+\boxed{7}=x+\boxed{8}$ ∴ $x=\boxed{5}$

82 답 **11**

$8+x=7+12$ ∴ $x=11$

83 답 **9**

$12+8=x+11$ ∴ $x=9$

84 답 **4**

$8+x=5+7$ ∴ $x=4$

85 답 **12**

$x+10=7+15$ ∴ $x=12$

86 답 **14**

$10+16=12+x$ ∴ $x=14$

87 답 **6**

$7+4=5+x$ ∴ $x=6$

88 답 **5**

$\overline{AB}+\overline{DC}=\overline{AD}+\overline{BC}$이므로

$(4+x)+\boxed{11}=8+\boxed{12}$ ∴ $x=\boxed{5}$

89 답 **8**

$10+(x+4)=15+7$ ∴ $x=8$

90 답 **10**

$14+30=20+(x+14)$ ∴ $x=10$

91 답 3

$5+8=6+(x+4)$ ∴ $x=3$

92 답 9

$\overline{EC}=\sqrt{15^2-12^2}=\sqrt{\boxed{81}}=\boxed{9}\,(cm)$

$\overline{AD}=\overline{BC}=(x+\boxed{9}\,)\,cm$

사각형 ABED에서 $12+15=(x+\boxed{9}\,)+x$

∴ $x=\boxed{9}$

93 답 2

$\overline{EC}=\sqrt{5^2-3^2}=\sqrt{16}=4\,(cm)$

사각형 ABED에서 $3+5=(x+4)+x$ ∴ $x=2$

94 답 6

$\overline{EC}=\sqrt{10^2-8^2}=\sqrt{36}=6\,(cm)$

사각형 ABED에서 $8+10=(x+6)+x$ ∴ $x=6$

95 답 1) 같다, $\overline{AD}+\overline{BC}$ 2) 외접

Ⅵ－2 원주각

96 답 30°

$\angle APB=\boxed{\dfrac{1}{2}}\angle AOB$이므로

$\angle x=\boxed{\dfrac{1}{2}}\times 60°=\boxed{30°}$

97 답 55°

$\angle x=\dfrac{1}{2}\times 110°=55°$

98 답 29°

$\angle x=\dfrac{1}{2}\times 58°=29°$

99 답 50°

$\angle x=\dfrac{1}{2}\times 100°=50°$

100 답 40°

$\angle x=\dfrac{1}{2}\times 80°=40°$

101 답 38°

$\angle x=\dfrac{1}{2}\times 76°=38°$

102 답 40°

$\angle AOB=\boxed{2}\angle APB$이므로

$\angle x=\boxed{2}\times 20°=\boxed{40°}$

103 답 90°

$\angle x=2\times 45°=90°$

104 답 36°

$\angle x=2\times 18°=36°$

105 답 70°

$\angle x=2\times 35°=70°$

106 답 12π cm²

$\angle AOB=\boxed{2}\angle APB=\boxed{120°}$이므로

(부채꼴 AOB의 넓이)$=\pi\times 6^2\times\dfrac{\boxed{120}}{360}=\boxed{12\pi}\,(cm^2)$

107 답 4π cm²

$\angle AOB=2\times 45°=90°$이므로

(부채꼴 AOB의 넓이)$=\pi\times 4^2\times\dfrac{90}{360}=4\pi\,(cm^2)$

108 답 5π cm²

$\angle AOB=2\times 36°=72°$이므로

(부채꼴 AOB의 넓이)$=\pi\times 5^2\times\dfrac{72}{360}=5\pi\,(cm^2)$

109 답 6π cm²

$\angle AOB=2\times 30°=60°$이므로

(부채꼴 AOB의 넓이)$=\pi\times 6^2\times\dfrac{60}{360}=6\pi\,(cm^2)$

110 답 60°

$\angle PAO=\angle PBO=90°$이므로 $\angle AOB=\boxed{120°}$

∴ $\angle x=\dfrac{1}{2}\angle AOB=\dfrac{1}{2}\times\boxed{120°}=\boxed{60°}$

111 답 55°

$\angle AOB=360°-(90°+90°+70°)=110°$

∴ $\angle x=\dfrac{1}{2}\angle AOB=\dfrac{1}{2}\times 110°=55°$

112 답 50°

$\angle AOB=360°-(90°+90°+80°)=100°$

∴ $\angle x=\dfrac{1}{2}\angle AOB=\dfrac{1}{2}\times 100°=50°$

113 답 $51°$

$\angle AOB = 360° - (90° + 90° + 78°) = 102°$

$\therefore \angle x = \dfrac{1}{2}\angle AOB = \dfrac{1}{2} \times 102° = 51°$

114 답 $72°$

$\angle AOB = 360° - (90° + 90° + 36°) = 144°$

$\therefore \angle x = \dfrac{1}{2}\angle AOB = \dfrac{1}{2} \times 144° = 72°$

115 답 $68°$

$\angle AOB = 360° - (90° + 90° + 44°) = 136°$

$\therefore \angle x = \dfrac{1}{2}\angle AOB = \dfrac{1}{2} \times 136° = 68°$

116 답 $78°$

$\angle AOB = 360° - (90° + 90° + 24°) = 156°$

$\therefore \angle x = \dfrac{1}{2}\angle AOB = \dfrac{1}{2} \times 156° = 78°$

117 답 1) $\angle APB$ 2) $\dfrac{1}{2}, \dfrac{1}{2}$

118 답 $40°$

한 호에 대한 원주각의 크기는 모두 같고,

$\angle APB$, $\angle AQB$는 호 $\boxed{AB}$에 대한 원주각이므로

$\angle x = \angle APB = \boxed{40°}$

119 답 $60°$

$\angle APB$, $\angle AQB$는 호 AB에 대한 원주각이므로

$\angle x = \angle APB = 60°$

120 답 $80°$

$\angle APB$, $\angle AQB$는 호 AB에 대한 원주각이므로

$\angle x = \angle APB = 80°$

121 답 $75°$

$\angle x = \boxed{25°}$, $\angle y = 2 \times \boxed{25°} = \boxed{50°}$

$\therefore \angle x + \angle y = \boxed{75°}$

122 답 $90°$

$\angle x = 30°$, $\angle y = 2 \times 30° = 60°$

$\therefore \angle x + \angle y = 90°$

123 답 $60°$

$\angle x = 20°$, $\angle y = 2 \times 20° = 40°$

$\therefore \angle x + \angle y = 60°$

124 답 $65°$

선분 AB가 원 O의 지름이므로 $\angle APB = \boxed{90°}$

직각삼각형 APB에서

$\angle x = 180° - (25° + \boxed{90°}) = \boxed{65°}$

125 답 $30°$

$\angle APB = 90°$이므로 직각삼각형 ABP에서

$\angle x = 180° - (60° + 90°) = 30°$

126 답 $50°$

$\angle APB = 90°$이므로 직각삼각형 ABP에서

$\angle x = 180° - (40° + 90°) = 50°$

127 답 $35°$

$\angle APB = 90°$이므로 직각삼각형 ABP에서

$\angle x = 180° - (55° + 90°) = 35°$

128 답 $42°$

삼각형 ABP에서 $\angle APB = \boxed{90°}$이므로

$\angle QPB = \boxed{90°} - 48° = \boxed{42°}$

이때, $\angle QPB$, $\angle QRB$는 호 $\boxed{QB}$에 대한 원주각이므로

$\angle x = \angle QPB = \boxed{42°}$

129 답 $60°$

삼각형 ABP에서 $\angle APB = 90°$이므로

$\angle QPB = 90° - 30° = 60°$

이때, $\angle QPB$, $\angle QRB$는 호 QB에 대한 원주각이므로

$\angle x = \angle QPB = 60°$

130 답 $30°$

삼각형 ABP에서 $\angle APB = 90°$이므로

$\angle QPB = 90° - 60° = 30°$

이때, $\angle QPB$, $\angle QRB$는 호 QB에 대한 원주각이므로

$\angle x = \angle QPB = 30°$

131 답 1) 같다 2) $90°$

132 답 $30°$

$\widehat{AB} = \widehat{CD}$이므로 $\angle x = \angle APB = \boxed{30°}$

133 답 $50°$

$\angle x = \angle APB = 50°$

134 답 $35°$

$\angle x = \angle APB = 35°$

135 답 **30°**

$\overset{\frown}{AB} = \overset{\frown}{BC}$이므로

$\angle x = \angle APB = \boxed{\dfrac{1}{2}} \angle AOB = \boxed{30°}$

136 답 **20°**

$\angle x = \angle APB = \dfrac{1}{2} \angle AOB = 20°$

137 답 **35°**

$\angle x = \angle APB = \dfrac{1}{2} \angle AOB = 35°$

138 답 **75°**

$1 : 3 = \boxed{25°} : \angle x$ $\therefore \angle x = \boxed{75°}$

139 답 **45°**

$1 : 3 = 15° : \angle x$ $\therefore \angle x = 45°$

140 답 **54°**

$1 : 3 = 18° : \angle x$ $\therefore \angle x = 54°$

141 답 **66°**

$1 : 3 = 22° : \angle x$ $\therefore \angle x = 66°$

142 답 **50°**

$3 : \boxed{6} = \boxed{25°} : \angle x$ $\therefore \angle x = \boxed{50°}$

143 답 **45°**

$3 : 4.5 = 30° : \angle x$ $\therefore \angle x = 45°$

144 답 **60°**

$2 : 6 = 20° : \angle x$ $\therefore \angle x = 60°$

145 답 **75°**

$3 : 9 = 25° : \angle x$ $\therefore \angle x = 75°$

146 답 **∠A=60°, ∠B=100°**

$\angle A = \dfrac{3x}{x+3x+5x} \times \boxed{180°} = \boxed{60°}$

$\angle B = \dfrac{5x}{x+3x+5x} \times \boxed{180°} = \boxed{100°}$

147 답 **∠A=60°, ∠B=40°**

$\angle A = \dfrac{3x}{4x+3x+2x} \times 180° = 60°$

$\angle B = \dfrac{2x}{4x+3x+2x} \times 180° = 40°$

148 답 **∠A=60°, ∠B=45°**

$\angle A = \dfrac{4x}{5x+4x+3x} \times 180° = 60°$

$\angle B = \dfrac{3x}{5x+4x+3x} \times 180° = 45°$

149 답 **∠A=40°, ∠B=50°**

$\angle A = \dfrac{4x}{9x+4x+5x} \times 180° = 40°$

$\angle B = \dfrac{5x}{9x+4x+5x} \times 180° = 50°$

150 답 **∠A=45°, ∠B=105°**

$\angle A = \dfrac{3x}{2x+3x+7x} \times 180° = 45°$

$\angle B = \dfrac{7x}{2x+3x+7x} \times 180° = 105°$

151 답 **1)** 같다, **∠APB=∠CQD**   **2)** 같다, $\overset{\frown}{AB} = \overset{\frown}{CD}$

3) 정비례, 정비례

152 답 ×

$\angle BAC \neq \angle BDC$이므로 네 점 A, B, C, D는 한 원 위에 있지 않다.

153 답 ○

$\angle ADB = \angle ACB = 30°$이므로 네 점 A, B, C, D는 한 원 위에 있다.

154 답 ○

$\angle BAC = \angle BDC = 45°$이므로 네 점 A, B, C, D는 한 원 위에 있다.

155 답 ○

$\angle BDC = 180° - (45° + 75°) = 60°$

따라서 $\angle BAC = \angle BDC = 60°$이므로 네 점 A, B, C, D는 한 원 위에 있다.

156 답 ×

$\angle ACB = 180° - (45° + 95°) = 40°$

따라서 $\angle ADB \neq \angle ACB$이므로 네 점 A, B, C, D는 한 원 위에 있지 않다.

157 답 **1) ∠ADB**   **2) ∠ADB**

158 답 **∠x=93°, ∠y=70°**

$\angle x + 87° = \boxed{180°}$, $\angle y + \boxed{110°} = 180°$이므로

$\angle x = \boxed{93°}$, $\angle y = \boxed{70°}$

159 답 $\angle x=100°$, $\angle y=120°$

$\angle x=180°-80°=100°$

$\angle y=180°-60°=120°$

160 답 $\angle x=105°$, $\angle y=70°$

$\angle x=180°-75°=105°$

$\angle y=180°-110°=70°$

161 답 $\angle x=125°$, $\angle y=55°$

삼각형 ABC에서 $\angle x=180°-(30°+25°)=\boxed{125°}$

$\angle y=180°-\angle x=180°-\boxed{125°}=\boxed{55°}$

162 답 $\angle x=100°$, $\angle y=80°$

삼각형 BCD에서 $\angle x=180°-(48°+32°)=100°$

$\angle y=180°-\angle x=180°-100°=80°$

163 답 $\angle x=95°$, $\angle y=85°$

삼각형 ABD에서 $\angle x=180°-(45°+40°)=95°$

$\angle y=180°-\angle x=180°-95°=85°$

164 답 $80°$

원에 내접하는 사각형의 한 외각의 크기는 그와 이웃하는 내각에 대한 $\boxed{대각}$ 의 크기와 같으므로

$\angle x=\angle A=\boxed{80°}$

165 답 $90°$

$\angle x=\angle A=90°$

166 답 $100°$

$\angle x=\angle A=100°$

167 답 $88°$

$\angle x=\angle A=88°$

168 답 $45°$

$\angle BAD=\angle BAC+\angle DAC=60°+\angle x=\boxed{105°}$

$\therefore \angle x=\boxed{105°}-60°=\boxed{45°}$

169 답 $50°$

$\angle BAD=\angle BAC+\angle DAC=50°+\angle x=100°$

$\therefore \angle x=100°-50°=50°$

170 답 $40°$

$\angle BAD=\angle BAC+\angle DAC=40°+\angle x=80°$

$\therefore \angle x=80°-40°=40°$

171 답 1) $180°$ 2) 같다

172 답 ○

$\angle A+\angle C=115°+65°=\boxed{180°}$ 이므로

사각형 ABCD는 원에 내접한다.

173 답 ×

$\angle A+\angle C=100°+70°=170°\neq180°$ 이므로

사각형 ABCD는 원에 내접하지 않는다.

174 답 ○

$\angle A+\angle C=105°+75°=180°$ 이므로

사각형 ABCD는 원에 내접한다.

175 답 ○

$\angle BAD \boxed{=} \angle DCE$ 이므로 사각형 ABCD는 원에 내접한다.

176 답 ○

$\angle BAD=\angle DCE$ 이므로 사각형 ABCD는 원에 내접한다.

177 답 ×

$\angle BAD\neq\angle DCE$ 이므로 사각형 ABCD는 원에 내접하지 않는다.

178 답 $120°$

$\angle BCD=\angle DAE$ 이므로 사각형 ABCD는 원에 내접한다.

$\therefore \angle x=180°-60°=120°$

179 답 $110°$

$\angle BCD=\angle DAE$ 이므로 사각형 ABCD는 원에 내접한다.

$\therefore \angle x=180°-70°=110°$

180 답 $95°$

$\angle BCD=\angle DAE$ 이므로 사각형 ABCD는 원에 내접한다.

$\therefore \angle x=180°-85°=95°$

181 답 $90°$

$\angle BCD=\angle DAE$ 이므로 사각형 ABCD는 원에 내접한다.

$\therefore \angle x=180°-90°=90°$

182 답 $40°$

$\angle BAD=\angle DCE$ 이므로 사각형 ABCD는 원에 내접한다.

이때, $\angle ACB$, $\angle ADB$는 호 $\boxed{AB}$ 에 대한 원주각이므로

$\angle x=\angle ADB=\boxed{40°}$

183 답 35°

∠BAD=∠DCE이므로 사각형 ABCD는 원에 내접한다.

이때, ∠ACB, ∠ADB는 호 AB에 대한 원주각이므로

∠x=∠ADB=35°

184 답 38°

∠BAD=∠DCE이므로 사각형 ABCD는 원에 내접한다.

이때, ∠ACB, ∠ADB는 호 AB에 대한 원주각이므로

∠x=∠ADB=38°

185 답 1) 180°, 180°, 180° 2) 대각, ∠DCE

186 답 70°

∠x=∠CAT= 70°

187 답 45°

∠x=∠BAT=45°

188 답 30°

∠x=∠BAT=30°

189 답 43°

∠x=∠BAT′=43°

190 답 15°

∠x=∠BAT′=15°

191 답 70°

∠x=∠CAT=70°

192 답 160°

∠CBA=∠CAT= 80° 이므로

∠x=2∠CBA=2× 80° = 160°

193 답 140°

∠CBA=∠CAT=70°이므로

∠x=2∠CBA=2×70°=140°

194 답 130°

∠CBA=∠CAT=65°이므로

∠x=2∠CBA=2×65°=130°

195 답 60°

∠CBA=∠CAT=30°이므로

∠x=2∠CBA=2×30°=60°

196 답 90°

∠BCA=∠BAT=45°이므로

∠x=2∠BCA=2×45°=90°

197 답 40°

∠BCA=∠BAT=20°이므로

∠x=2∠BCA=2×20°=40°

198 답 136°

∠BCA=∠BAT=68°이므로

∠x=2∠BCA=2×68°=136°

199 답 162°

∠BCA=∠BAT=81°이므로

∠x=2∠BCA=2×81°=162°

200 답 40°

선분 AB가 원 O의 지름이므로 ∠ATB= 90°

또, ∠ABT=∠ATP=25°이므로 삼각형 PTB에서

∠x=180°−(25°+ 90° +25°)= 40°

201 답 30°

선분 AB가 원 O의 지름이므로 ∠ATB=90°

또, ∠ABT=∠ATP=30°이므로 삼각형 PTB에서

∠x=180°−(30°+90°+30°)=30°

202 답 20°

선분 AB가 원 O의 지름이므로 ∠ATB=90°

또, ∠ABT=∠ATP=35°이므로 삼각형 PBT에서

∠x=180°−(35°+90°+35°)=20°

203 답 30°

보조선 AT를 그으면 선분 AB가 원 O의 지름이므로

∠ATB= 90°

∴ ∠ABT=∠ATP=180°−(60°+ 90°)= 30°

이때, ∠BTC는 삼각형 PTB의 한 외각이므로

∠x+∠PBT=∠BTC에서

∠x=∠BTC−∠PBT=60°− 30° = 30°

204 답 42°

보조선 AT를 그으면 선분 AB가 원 O의 지름이므로

∠ATB=90°

∴ ∠ABT=∠ATP=180°−(66°+90°)=24°

이때, ∠BTC는 삼각형 PTB의 한 외각이므로

∠x+∠PBT=∠BTC에서

∠x=∠BTC−∠PBT=66°−24°=42°

205 답 1) 원주각, ∠**BCA** 2) 접선

206 답 ∠x=**45°**, ∠y=**85°**

$\overline{AB}$ ∥ $\overline{DC}$이므로 ∠x= 45° 이고,

∠y=∠ATB=180°−(50° + 45°)= 85°

207 답 ∠x=**75°**, ∠y=**65°**

∠x=∠BAT=∠BTQ=75°

∠DCT=∠BAT=75°이므로

∠y=180°−(40°+75°)=65°

208 답 ∠x=**65°**, ∠y=**65°**

$\overline{AB}$ ∥ $\overline{DC}$이므로 ∠x= 65°

∠y=∠x= 65°

209 답 ∠x=**60°**, ∠y=**60°**

∠x=∠BAT=∠CDT=60°

∠y=∠CTQ=∠CDT=60°

210 답 접선, **AB**, **DC**

pp. 74~75

단원 총정리 문제 정답 Ⅵ **원의 성질**

01 ① **02** ② **03** ⑤ **04** 8 **05** ②
06 3 **07** ③ **08** $2\sqrt{15}$ **09** ⑤ **10** ⑤
11 ④ **12** ④ **13** 10° **14** ③

01 답 ①

한 원에서 중심각의 크기와 호의 길이는 정비례하므로

15 : x=125° : 25°=5 : 1

∴ x=3

02 답 ②

그림과 같이 주어진 원의 중심
을 O라 하고, 보조선 OA를 긋
자. 이때, 이 원의 반지름의 길
이를 $\overline{OA}$=x cm라 하고

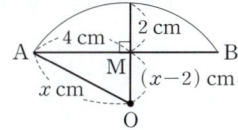

직각삼각형 OMA에 피타고라스 정리를 적용하면

$\overline{OA}^2$=$\overline{OM}^2$+$\overline{AM}^2$에서

x^2=$(x-2)^2$+4^2

x^2=x^2−4x+4+16

4x=20

∴ x=5

따라서 구하는 원의 반지름의 길이는 5 cm이다.

03 답 ⑤

삼각형 ABC에서 $\overline{OM}$=$\overline{ON}$이므로 $\overline{AB}$=$\overline{AC}$

즉, 삼각형 ABC는 이등변삼각형이므로

∠A=180°−2×75°=30°

사각형 AMON의 내각의 크기의 합이 360°이므로

∠x=360°−(90°+90°+∠A)

 =360°−(90°+90°+30°)=150°

04 답 8

두 선분 PA, PB는 원 O의
접선이고, 두 점 A, B는 접점
이므로 $\overline{PA}$=$\overline{PB}$
직각삼각형 POA에 피타고라
스 정리를 적용하면

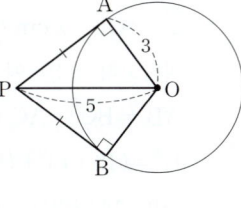

$\overline{PO}^2$=$\overline{PA}^2$+$\overline{AO}^2$에서

5^2=$\overline{PA}^2$+3^2

25=$\overline{PA}^2$+9

$\overline{PA}^2$=25−9=16=4^2 ∴ $\overline{PA}$=4

∴ $\overline{PA}$+$\overline{PB}$=2$\overline{PA}$=2×4=8

05 답 ②

점 T는 원 O의 접점이므로
$\angle OTP = 90°$

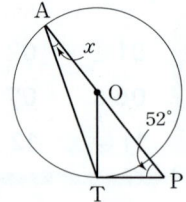

직각삼각형 OTP에서
$\angle POT = 180° - (\angle PTO + \angle OPT)$
$= 180° - (90° + 52°) = 38°$

삼각형 OAT는 $\overline{OA} = \overline{OT}$ ($\because$ 반지름)인 이등변삼각형
이고, $\angle POT$는 삼각형 ATO의 한 외각이므로
$2\angle x = 38°$
$\therefore \angle x = 19°$

[다른 풀이]

원주각의 크기는 중심각의 크기의 $\dfrac{1}{2}$이므로

$\angle x = \dfrac{1}{2}\angle POT = \dfrac{1}{2} \times 38° = 19°$

06 답 3

원 O가 삼각형 ABC에 내
접하므로

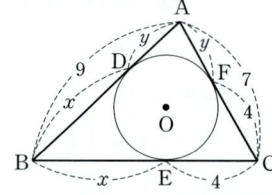

$\overline{BD} = \overline{BE} = x$
$\overline{AF} = \overline{AD} = y$
$\overline{FC} = \overline{EC} = 4$

이때, $\overline{AC} = 7$이므로 $y + 4 = 7$ $\therefore y = 3$
또, $\overline{AB} = 9$이므로 $x + y = 9$에서 $x + 3 = 9$ $\therefore x = 6$
$\therefore x - y = 6 - 3 = 3$

07 답 ③

원 O가 직각삼각형
ABC에 내접하므로 그
림과 같이 접점을 각각
D, E, F라 하자.

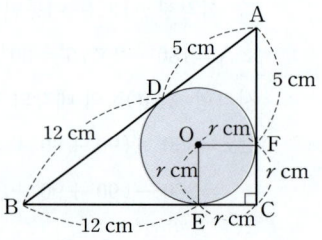

이때, 원 O의 반지름의
길이를 r cm라 하면
$\overline{BE} = \overline{BD} = 12$ cm, $\overline{AF} = \overline{AD} = 5$ cm,
$\overline{CE} = \overline{CF} = r$ cm이고 삼각형 ABC는 직각삼각형이므로
피타고라스 정리에 의하여
$\overline{AB}^2 = \overline{BC}^2 + \overline{AC}^2$에서
$17^2 = (12 + r)^2 + (5 + r)^2$
$289 = 144 + 24r + r^2 + 25 + 10r + r^2$
$2r^2 + 34r - 120 = 0$, $r^2 + 17r - 60 = 0$
$(r + 20)(r - 3) = 0$ $\therefore r = 3$ ($\because r > 0$)
따라서 구하는 원 O의 넓이는
$\pi r^2 = \pi \times 3^2 = 9\pi \, (\text{cm}^2)$

08 답 $2\sqrt{15}$

반원 O와 선분 AB의 접점을 E
라 하면

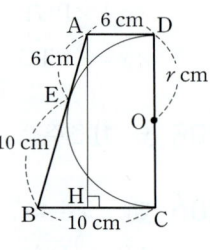

$\overline{AE} = \overline{AD} = 6$ cm
$\overline{BE} = \overline{BC} = 10$ cm
$\therefore \overline{AB} = 6 + 10 = 16 \, (\text{cm})$

이때, 점 A에서 선분 BC에 내
린 수선의 발을 H라 하면
$\overline{BH} = \overline{BC} - \overline{CH} = \overline{BC} - \overline{AD} = 10 - 6 = 4 \, (\text{cm})$
$\overline{AH} = \overline{CD} = 2r \, (\text{cm})$

한편, 삼각형 ABH는 직각삼각형이므로 피타고라스 정리
에 의하여 $\overline{AB}^2 = \overline{BH}^2 + \overline{AH}^2$에서
$16^2 = 4^2 + (2r)^2$, $256 = 16 + 4r^2$
$4r^2 = 240$, $r^2 = 60$
$\therefore r = \sqrt{60} = 2\sqrt{15}$

09 답 ⑤

호 AB에 대한 원주각의 크기는 같
으므로

$\angle ADB = \angle ACB = \angle y$

이때, 삼각형의 내각의 크기의 합
은 180°이므로 삼각형 OBD에서
$110° + \angle x + \angle y = 180°$
$\therefore \angle x + \angle y = 70°$

10 답 ⑤

한 원에서 중심각의 크기와 호의 길이는 정비례하므로 원
주각의 크기와 호의 길이도 정비례한다.
$\overset{\frown}{AB} = x$, $\overset{\frown}{BC} = 2x$, $\overset{\frown}{CA} = 3x$이므로
$\angle B = 180° \times \dfrac{3x}{x + 2x + 3x} = 180° \times \dfrac{1}{2} = 90°$

11 답 ④

원 O에 내접하는 사각형
ABCD의 대각의 크기의
합은 180°이므로

$\angle ADC + \angle ABC = 180°$
에서 $\angle ADC + 95° = 180°$
$\therefore \angle ADC = 85°$, $\angle CDE = 180° - \angle ADC = 95°$
또, 원 O'에 내접하는 사각형 DCFE의 대각의 크기의 합
은 180°이므로
$\angle CDE + \angle CFE = 180°$에서 $95° + \angle x = 180°$
$\therefore \angle x = 180° - 95° = 85°$

12 답 ④

①, ②, ③, ⑤의 네 점이 한 원 위에 있으려면 원주각에 해당하는 두 각의 크기가 같아야 한다.

④는 한 외각의 크기와 그와 이웃한 내각에 대한 대각의 크기가 같은 사각형이므로 주어진 네 점은 한 원 위에 있다.

13 답 $10°$

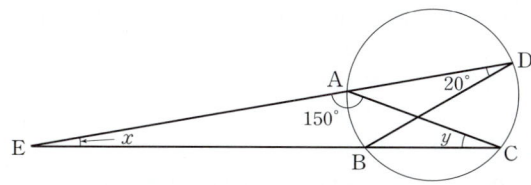

네 점 A, B, C, D가 한 원 위에 있으므로

$\angle ACB = \angle ADB$ $\therefore \angle y = 20°$

한편, 삼각형 AEC의 세 내각의 크기의 합은 180°이므로

$\angle AEC + \angle ACE + \angle CAE = 180°$에서

$\angle x + \angle y + 150° = 180°$

$\angle x + 20° + 150° = 180°$ $\therefore \angle x = 10°$

$\therefore \angle y - \angle x = 20° - 10° = 10°$

14 답 ③

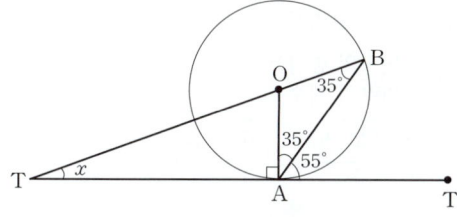

그림과 같이 두 점 O, A를 잇는 선분을 긋자.

점 A는 원 O와 직선 TT'의 접점이므로

$\angle OAT' = 90°$

$\therefore \angle OAB = 90° - 55° = 35°$

삼각형 OAB는 $\overline{OA} = \overline{OB}$인 이등변삼각형이므로

$\angle OBA = \angle OAB = 35°$

이때, $\angle BAT = \angle OAB + \angle OAT$이므로

$\angle BAT = 35° + 90° = 125°$

따라서 삼각형 BTA의 세 내각의 크기의 합은 180°이므로

$\angle BTA + \angle TBA + \angle BAT = 180°$에서

$\angle x + 35° + 125° = 180°$

$\therefore \angle x = 20°$

Ⅶ-1 대푯값과 산포도

pp. 80~93

01 답 4

자료를 작은 값부터 크기순으로 나열하면 1, 3, $\boxed{4}$, 5, 6 이므로 중앙값은 $\boxed{4}$이다.

02 답 60

자료를 작은 값부터 크기순으로 나열하면 20, $\boxed{40}$, $\boxed{60}$, $\boxed{90}$, 100이므로 중앙값은 $\boxed{60}$이다.

03 답 8

자료를 작은 값부터 크기순으로 나열하면 4, 8, 8, 12, 14 이므로 중앙값은 8이다.

04 답 4

자료를 작은 값부터 크기순으로 나열하면 1, 2, 2, 4, 6, 6, 7이므로 중앙값은 4이다.

05 답 4

자료를 작은 값부터 크기순으로 나열하면 1, 3, 3, 4, 4, 5, 6이므로 중앙값은 4이다.

06 답 55

자료를 작은 값부터 크기순으로 나열하면 35, 40, 55, 55, 60, 60, 70이므로 중앙값은 55이다.

07 답 6

자료를 작은 값부터 크기순으로 나열하면 3, 4, 4, 5, 6, 6, 7, 7, 8이므로 중앙값은 6이다.

08 답 3

자료를 작은 값부터 크기순으로 나열하면 1, 1, 2, 4, 5, 6 이므로 중앙값은 2, 4의 평균인

$\dfrac{2+4}{2} = \boxed{3}$이다.

09 답 50

자료를 작은 값부터 크기순으로 나열하면 20, 40, $\boxed{60}$, 90이므로 중앙값은 40, $\boxed{60}$의 평균인

$\dfrac{40+\boxed{60}}{2} = \boxed{50}$이다.

10 답 **5500**

자료를 작은 값부터 크기순으로 나열하면 3000, 5000, 6000, 8000이므로 중앙값은 5000, 6000의 평균인

$\dfrac{5000+6000}{2}=5500$이다.

11 답 **5**

자료를 작은 값부터 크기순으로 나열하면 2, 3, 4, 6, 8, 9 이므로 중앙값은 4, 6의 평균인 $\dfrac{4+6}{2}=5$이다.

12 답 **17.5**

자료를 작은 값부터 크기순으로 나열하면 14, 16, 17, 18, 18, 20이므로 중앙값은 17, 18의 평균인 $\dfrac{17+18}{2}=17.5$ 이다.

13 답 **7**

자료의 개수가 짝수이므로 중앙에 있는 두 값 5, x의 평균 이 중앙값 6이 되어야 한다. 즉, $6=\dfrac{5+x}{\boxed{2}}$에서 $x=\boxed{7}$

14 답 **8**

자료의 개수가 짝수이므로 중앙에 있는 두 값 x, 10의 평 균이 중앙값 9가 되어야 한다. 즉, $9=\dfrac{x+10}{2}$에서 $x=8$

15 답 **19**

자료의 개수가 짝수이므로 중앙에 있는 두 값 17, x의 평균 이 중앙값 18이 되어야 한다. 즉, $18=\dfrac{17+x}{2}$에서 $x=19$

16 답 **1)** 대푯값, 평균, 최빈값 **2)** 중앙, 홀수, 짝수

17 답 **3**

자료를 작은 값부터 크기순으로 나열하면 1, 3, 3, 4, 5, 6 이므로 가장 많이 나타난 값, 즉 최빈값은 $\boxed{3}$이다.

18 답 **22**

자료를 작은 값부터 크기순으로 나열하면 16, 18, 20, 22, 22, 25이므로 가장 많이 나타난 값, 즉 최빈값은 22이다.

19 답 **3**

자료를 작은 값부터 크기순으로 나열하면 2, 2, 3, 3, 3이 므로 가장 많이 나타난 값, 즉 최빈값은 3이다.

20 답 **17**

자료를 작은 값부터 크기순으로 나열하면 14, 16, 16, 17, 17, 17, 18, 20이므로 가장 많이 나타난 값, 즉 최빈값은 17이다.

21 답 **4, 8**

자료를 작은 값부터 크기순으로 나열하면 4, 4, 8, 8, 12, 14이므로 가장 많이 나타난 값, 즉 최빈값은 $\boxed{4}$와 $\boxed{8}$ 이다.

22 답 **2, 6**

자료를 작은 값부터 크기순으로 나열하면 1, 2, 2, 4, 6, 6, 7이므로 가장 많이 나타난 값, 즉 최빈값은 2와 6이다.

23 답 **4, 6, 7**

자료를 작은 값부터 크기순으로 나열하면 3, 4, 4, 6, 6, 7, 7이므로 가장 많이 나타난 값, 즉 최빈값은 4와 6과 7이다.

24 답 최빈값 **1)** 최빈값 **2)** 최빈값

25 답 **2**

변량이 1, 2, 3으로 3개이므로

(평균)$=\dfrac{(\text{변량의 총합})}{(\text{변량의 개수})}$

$=\dfrac{1+\boxed{2}+3}{3}=\dfrac{\boxed{6}}{3}=\boxed{2}$

26 답 **55**

변량이 20, 60, 40, 100으로 4개이므로

(평균)$=\dfrac{(\text{변량의 총합})}{(\text{변량의 개수})}$

$=\dfrac{20+60+\boxed{40}+100}{\boxed{4}}$

$=\dfrac{220}{4}=\boxed{55}$

27 답 **9**

변량이 6개이므로

(평균)$=\dfrac{4+8+8+8+12+14}{6}=\dfrac{54}{6}=9$

28 답 **40**

변량이 7개이므로

(평균)$=\dfrac{10+20+30+40+50+60+70}{7}$

$=\dfrac{280}{7}=40$

29 답 **5**

변량이 7개이므로

$$(\text{평균}) = \frac{8+2+4+7+7+6+1}{7} = \frac{35}{7} = 5$$

30 답 **6**

변량이 8개이므로

$$(\text{평균}) = \frac{3+4+6+7+4+8+6+10}{8} = \frac{48}{8} = 6$$

31 답 **5**

변량이 10개이므로

$$(\text{평균}) = \frac{2+3+5+4+10+7+9+3+2+5}{10}$$
$$= \frac{50}{10} = 5$$

32 답 **9**

변량이 4개이고, 평균이 6이므로

$$(\text{평균}) = \frac{(\text{변량의 총합})}{(\text{변량의 개수})} \text{에서}$$

$$\boxed{6} = \frac{4+5+6+x}{4}$$

$$15+x = \boxed{24} \qquad \therefore x = \boxed{9}$$

33 답 **80**

변량이 $\boxed{4}$개이고, 평균이 65이므로

$$65 = \frac{30+90+x+60}{\boxed{4}}$$

$$180+x = \boxed{260} \qquad \therefore x = \boxed{80}$$

34 답 **6**

변량이 5개이고, 평균이 5이므로

$$5 = \frac{7+3+x+4+5}{5}$$

$$19+x = 25 \qquad \therefore x = 6$$

35 답 **74**

변량이 5개이고, 평균이 80이므로

$$80 = \frac{76+80+82+88+x}{5}$$

$$326+x = 400 \qquad \therefore x = 74$$

36 답 **85**

변량이 5개이고, 평균이 90이므로

$$90 = \frac{86+90+92+x+97}{5}$$

$$365+x = 450 \qquad \therefore x = 85$$

37 답 **18**

변량이 5개이고, 평균이 20이므로

$$20 = \frac{16+22+19+25+x}{5}$$

$$82+x = 100 \qquad \therefore x = 18$$

38 답 **9**

변량이 6개이고, 평균이 7이므로

$$7 = \frac{x+3+9+7+8+6}{6}$$

$$33+x = 42 \qquad \therefore x = 9$$

39 답 **4**

변량이 8개이고, 평균이 4이므로

$$4 = \frac{8+x+5+3+4+3+2+3}{8}$$

$$28+x = 32 \qquad \therefore x = 4$$

40 답 **2**

a, b의 평균이 2이므로

$$\frac{a+b}{\boxed{2}} = 2$$

$$\therefore a+b = \boxed{4}$$

따라서 2, a, b의 평균은

$$\frac{2+a+b}{3} = \frac{2+\boxed{4}}{3} = \frac{\boxed{6}}{3} = \boxed{2}$$

41 답 **4**

$a+b=4$이므로

$$(\text{평균}) = \frac{a+5+b+7}{4} = \frac{4+12}{4} = \frac{16}{4} = 4$$

42 답 **8**

$a+b=4$이므로

$$(\text{평균}) = \frac{(3a+2)+(3b+2)}{2} = \frac{3(a+b)+\boxed{4}}{2}$$

$$= \frac{3 \times \boxed{4} + \boxed{4}}{2} = \frac{\boxed{16}}{2} = \boxed{8}$$

43 답 **4**

x, y, z의 평균이 4이므로

$$\frac{x+y+z}{\boxed{3}} = 4$$

$$\therefore x+y+z = \boxed{12}$$

따라서 2, x, y, z, 6의 평균은

$$\frac{2+x+y+z+6}{5} = \frac{8+\boxed{12}}{5} = \frac{\boxed{20}}{5} = \boxed{4}$$

44 답 **6**

$x+y+z=12$이므로

$(평균) = \dfrac{x+y+z+8+4+12}{6}$

$\qquad = \dfrac{12+24}{6} = \dfrac{36}{6} = 6$

45 답 **평균, 평균**

46 답 **−2, 3**

$(편차) = (변량) - (평균)$이므로

첫 번째 빈칸은 $3 - \boxed{5} = \boxed{-2}$

두 번째 빈칸은 $8 - \boxed{5} = \boxed{3}$

47 답 **−20, 30**

첫 번째 빈칸은 $40 - 60 = -20$

두 번째 빈칸은 $90 - 60 = 30$

48 답 **−10, 20**

첫 번째 빈칸은 $15 - 25 = -10$

두 번째 빈칸은 $45 - 25 = 20$

49 답 **100**

$(편차) = (변량) - (평균)$에서

$(변량) = (편차) + (평균)$이므로

$(변량) = 20 + \boxed{80} = \boxed{100}$

50 답 **7, 11**

첫 번째 빈칸은 $-3 + 10 = 7$

두 번째 빈칸은 $1 + 10 = 11$

51 답 **5, 11**

첫 번째 빈칸은 $-1 + 6 = 5$

두 번째 빈칸은 $5 + 6 = 11$

52 답 **82, 76, −16**

첫 번째 빈칸은 $22 + 60 = 82$

두 번째 빈칸은 $16 + 60 = 76$

세 번째 빈칸은 $44 - 60 = -16$

53 답 **3**

변량 0, 2, 7, 3, 8의 평균은

$\dfrac{0+2+7+3+8}{\boxed{5}} = \dfrac{20}{\boxed{5}} = \boxed{4}$

이때, $(편차) = (변량) - (평균)$이므로

$a = 7 - \boxed{4} = \boxed{3}$

54 답 **−15**

변량 65, 65, 90, 100의 평균은

$\dfrac{65+65+90+100}{4} = \dfrac{320}{4} = 80$

$\therefore a = 65 - 80 = -15$

55 답 **−4**

변량 3, 9, 5, 7, 1의 평균은

$\dfrac{3+9+5+7+1}{5} = \dfrac{25}{5} = 5$

$\therefore a = 1 - 5 = -4$

56 답 **6**

변량 32, 45, 46, 54, 63의 평균은

$\dfrac{32+45+46+54+63}{5} = \dfrac{240}{5} = 48$

$\therefore a = 54 - 48 = 6$

57 답 **−4, 4, −3, 1, 2**

변량 10, 18, 11, 15, 16의 평균은

$\dfrac{10+18+11+15+16}{\boxed{5}} = \dfrac{70}{\boxed{5}} = \boxed{14}$

따라서 $(편차) = (변량) - (평균)$임을 이용하여 표의 빈칸을 채우면 차례로 $\boxed{-4}$, $\boxed{4}$, $\boxed{-3}$, $\boxed{1}$, $\boxed{2}$ 이다.

58 답 **−15, 3, 5, −10, 17**

변량 35, 53, 55, 40, 67의 평균은

$\dfrac{35+53+55+40+67}{5} = \dfrac{250}{5} = 50$

따라서 표의 빈칸을 채우면 차례로 −15, 3, 5, −10, 17 이다.

59 답 **5, 3, 1, −1, −3, −5**

변량 12, 10, 8, 6, 4, 2의 평균은

$\dfrac{12+10+8+6+4+2}{6} = \dfrac{42}{6} = 7$

따라서 표의 빈칸을 채우면 차례로 5, 3, 1, −1, −3, −5 이다.

60 답 **−22, −14, −3, 3, 16, 20**

변량 38, 46, 57, 63, 76, 80의 평균은

$\dfrac{38+46+57+63+76+80}{6} = \dfrac{360}{6} = 60$

따라서 표의 빈칸을 채우면 차례로 −22, −14, −3, 3, 16, 20이다.

61 답 2

편차의 총합은 0이므로

$(-2)+(-1)+a+1=0$

$\therefore a=\boxed{2}$

62 답 -6

편차의 총합은 0이므로

$3+2+1+a=0 \qquad \therefore a=-6$

63 답 2

편차의 총합은 0이므로

$(-4)+(-2)+a+3+1=0 \qquad \therefore a=2$

64 답 -1

편차의 총합은 0이므로

$a+20+(-17)+3+(-5)=0 \qquad \therefore a=-1$

65 답 4

편차의 총합은 0이므로

$(-4)+(-2)+3+(-1)+a=0 \qquad \therefore a=4$

66 답 0

편차의 총합은 0이므로

$(-2)+4+a+2+(-4)=0 \qquad \therefore a=0$

67 답 5

편차의 총합은 0이므로

$(-16)+(-11)+7+9+6+a=0 \qquad \therefore a=5$

68 답 1) 산포도, 산포도, 산포도

　　　2) 평균, **0**, 양수, 음수

69 답 (분산)=1, (표준편차)=1

(i) {(편차)^{2}의 총합}

$=1^2+1^2+(-1)^2+(\boxed{-1})^2=\boxed{4}$

(ii) $(분산)=\dfrac{\{(편차)^2의\ 총합\}}{(변량의\ 개수)}=\dfrac{\boxed{4}}{4}=\boxed{1}$

(iii) $(표준편차)=\sqrt{(분산)}=\boxed{1}$

70 답 (분산)=5, (표준편차)=$\sqrt{5}$

(i) {(편차)^{2}의 총합}

$=(-3)^2+1^2+(-1)^2+3^2=20$

(ii) $(분산)=\dfrac{\{(편차)^2의\ 총합\}}{(변량의\ 개수)}=\dfrac{20}{4}=5$

(iii) $(표준편차)=\sqrt{(분산)}=\sqrt{5}$

71 답 (분산)=8, (표준편차)=$2\sqrt{2}$

(i) {(편차)^{2}의 총합}

$=4^2+0^2+(-2)^2+(-4)^2+2^2=40$

(ii) $(분산)=\dfrac{\{(편차)^2의\ 총합\}}{(변량의\ 개수)}=\dfrac{40}{5}=8$

(iii) $(표준편차)=\sqrt{(분산)}=\sqrt{8}=2\sqrt{2}$

72 답 (분산)=4, (표준편차)=2

(i) {(편차)^{2}의 총합}

$=4^2+1^2+(-2)^2+(-1)^2+(-1)^2+(-1)^2=24$

(ii) $(분산)=\dfrac{\{(편차)^2의\ 총합\}}{(변량의\ 개수)}=\dfrac{24}{6}=4$

(iii) $(표준편차)=\sqrt{(분산)}=\sqrt{4}=2$

73 답 (분산)=3, (표준편차)=$\sqrt{3}$

(i) 편차의 총합은 0이므로

$3+(-1)+a+(-1)=0$

$\therefore a=\boxed{-1}$

(ii) {(편차)^{2}의 총합}

$=3^2+(-1)^2+(\boxed{-1})^2+(-1)^2=\boxed{12}$

(iii) $(분산)=\dfrac{\{(편차)^2의\ 총합\}}{(변량의\ 개수)}=\dfrac{\boxed{12}}{4}=\boxed{3}$

(iv) $(표준편차)=\sqrt{(분산)}=\sqrt{3}$

74 답 (분산)=1, (표준편차)=1

(i) 편차의 총합은 0이므로

$a+(-1)+(-1)+1=0$

$\therefore a=1$

(ii) {(편차)^{2}의 총합}

$=1^2+(-1)^2+(-1)^2+1^2=4$

(iii) $(분산)=\dfrac{\{(편차)^2의\ 총합\}}{(변량의\ 개수)}=\dfrac{4}{4}=1$

(iv) $(표준편차)=\sqrt{(분산)}=1$

75 답 (분산)=6, (표준편차)=$\sqrt{6}$

(i) 편차의 총합은 0이므로

$(-4)+0+(-1)+3+a=0$

$\therefore a=2$

(ii) {(편차)^{2}의 총합}

$=(-4)^2+0^2+(-1)^2+3^2+2^2=30$

(iii) $(분산)=\dfrac{\{(편차)^2의\ 총합\}}{(변량의\ 개수)}=\dfrac{30}{5}=6$

(iv) $(표준편차)=\sqrt{(분산)}=\sqrt{6}$

76 답 (분산)=4, (표준편차)=2

(i) 편차의 총합은 0이므로

$1+1+(-1)+a+(-4)+1=0$ $\therefore a=2$

(ii) {(편차)^{2}의 총합}

$=1^2+1^2+(-1)^2+2^2+(-4)^2+1^2=24$

(iii) (분산)$=\dfrac{\{(편차)^2의\ 총합\}}{(변량의\ 개수)}=\dfrac{24}{6}=4$

(iv) (표준편차)$=\sqrt{(분산)}=\sqrt{4}=2$

77 답 1) 분산, 분산, 편차, 변량

2) 표준편차, 표준편차

78 답 (평균)=4, (분산)=4, (표준편차)=2

(i) (평균)$=\dfrac{(변량의\ 총합)}{(변량의\ 개수)}$

$=\dfrac{1+2+3+4+5+6+7}{7}=4$

(ii) (분산)

$=\dfrac{\{(편차)^2의\ 총합\}}{(변량의\ 개수)}$

$=\dfrac{(1-4)^2+(2-4)^2+(3-4)^2+(4-4)^2+(5-4)^2+(6-4)^2+(7-4)^2}{7}$

$=\dfrac{28}{7}=4$

(iii) (표준편차)$=\sqrt{(분산)}=\sqrt{4}=2$

79 답 (평균)=6, (분산)=2, (표준편차)=$\sqrt{2}$

(i) (평균)$=\dfrac{(변량의\ 총합)}{(변량의\ 개수)}=\dfrac{7+8+5+4+6}{5}=6$

(ii) (분산)

$=\dfrac{\{(편차)^2의\ 총합\}}{(변량의\ 개수)}$

$=\dfrac{(7-6)^2+(8-6)^2+(5-6)^2+(4-6)^2+(6-6)^2}{5}$

$=\dfrac{10}{5}=2$

(iii) (표준편차)$=\sqrt{(분산)}=\sqrt{2}$

80 답 (평균)=17, (분산)=4, (표준편차)=2

(i) (평균)$=\dfrac{(변량의\ 총합)}{(변량의\ 개수)}$

$=\dfrac{14+20+16+18+17}{5}=\dfrac{85}{5}=17$

(ii) (분산)

$=\dfrac{\{(편차)^2의\ 총합\}}{(변량의\ 개수)}$

$=\dfrac{(14-17)^2+(20-17)^2+(16-17)^2+(18-17)^2+(17-17)^2}{5}$

$=\dfrac{20}{5}=4$

(iii) (표준편차)$=\sqrt{(분산)}=\sqrt{4}=2$

81 답 (평균)=50, (분산)=6, (표준편차)=$\sqrt{6}$

(i) (평균)$=\dfrac{(변량의\ 총합)}{(변량의\ 개수)}$

$=\dfrac{47+48+50+51+54}{5}=\dfrac{250}{5}=50$

(ii) (분산)

$=\dfrac{\{(편차)^2의\ 총합\}}{(변량의\ 개수)}$

$=\dfrac{(47-50)^2+(48-50)^2+(50-50)^2+(51-50)^2+(54-50)^2}{5}$

$=\dfrac{30}{5}=6$

(iii) (표준편차)$=\sqrt{(분산)}=\sqrt{6}$

82 답 (평균)=0, (분산)=$\dfrac{2}{3}$, (표준편차)=$\dfrac{\sqrt{6}}{3}$

(i) (평균)$=\dfrac{(변량의\ 총합)}{(변량의\ 개수)}=\dfrac{0}{6}=0$

(ii) (분산)

$=\dfrac{\{(편차)^2\times(도수)의\ 총합\}}{(변량의\ 개수)}$

$=\dfrac{\{(-1)-0\}^2\times2+(0-0)^2\times2+(1-0)^2\times2}{6}$

$=\dfrac{4}{6}=\dfrac{2}{3}$

(iii) (표준편차)$=\sqrt{(분산)}=\sqrt{\dfrac{2}{3}}=\dfrac{\sqrt{6}}{3}$

83 답 (평균)=-1, (분산)=$\dfrac{10}{3}$, (표준편차)=$\dfrac{\sqrt{30}}{3}$

(i) (평균)$=\dfrac{(변량의\ 총합)}{(변량의\ 개수)}=\dfrac{-6}{6}=-1$

(ii) (분산)

$=\dfrac{\{(편차)^2\times(도수)의\ 총합\}}{(변량의\ 개수)}$

$=\dfrac{\{(-2)-(-1)\}^2\times4+\{(-1)-(-1)\}^2\times1+\{3-(-1)\}^2\times1}{6}$

$=\dfrac{4+0+16}{6}=\dfrac{10}{3}$

(iii) (표준편차)$=\sqrt{(분산)}=\sqrt{\dfrac{10}{3}}=\dfrac{\sqrt{30}}{3}$

84 답 (평균)=0, (분산)=$\dfrac{28}{3}$, (표준편차)=$\dfrac{2\sqrt{21}}{3}$

(i) (평균)$=\dfrac{(변량의\ 총합)}{(변량의\ 개수)}=\dfrac{0}{6}=0$

(ii) (분산)

$=\dfrac{\{(편차)^2\times(도수)의\ 총합\}}{(변량의\ 개수)}$

$=\dfrac{\{(-4)-0\}^2\times2+(0-0)^2\times1+(2-0)^2\times2+(4-0)^2\times1}{6}$

$=\dfrac{32+0+8+16}{6}=\dfrac{56}{6}=\dfrac{28}{3}$

(iii) (표준편차)$=\sqrt{(분산)}=\sqrt{\dfrac{28}{3}}=\dfrac{2\sqrt{21}}{3}$

85 답 5

평균이 5이므로

$$\frac{4+x+8+2}{4}=5 \quad \therefore x=\boxed{6}$$

$$\therefore (\text{분산})=\frac{(4-5)^2+(\boxed{6}-5)^2+(8-5)^2+(2-5)^2}{4}$$

$$=\frac{\boxed{20}}{4}=\boxed{5}$$

86 답 6

평균이 7이므로

$$\frac{10+3+x+6+9}{5}=7 \quad \therefore x=7$$

$$\therefore (\text{분산})$$

$$=\frac{(10-7)^2+(3-7)^2+(7-7)^2+(6-7)^2+(9-7)^2}{5}$$

$$=\frac{30}{5}=6$$

87 답 16

평균이 13이므로

$$\frac{7+16+14+10+x}{5}=13 \quad \therefore x=18$$

$$\therefore (\text{분산})$$

$$=\frac{(7-13)^2+(16-13)^2+(14-13)^2+(10-13)^2+(18-13)^2}{5}$$

$$=\frac{80}{5}=16$$

88 답 ×

편차의 총합은 항상 0이다.

89 답 ×

(편차)=(변량)−(평균)이므로 평균보다 작은 변량의 편차는 음수이다.

90 답 ×

편차의 총합은 항상 0이므로 편차의 평균은 항상 0이다. 따라서 편차의 평균으로 산포도를 알 수 없으므로 (편차)^{2}의 총합을 이용한다.

91 답 ○

92 답 ○

93 답 1) 분산 2) 분산

94 답 해설 참조

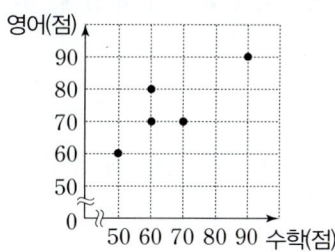

95 답 해설 참조

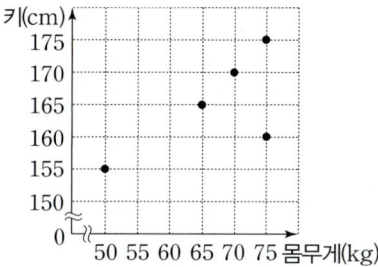

96 답 해설 참조

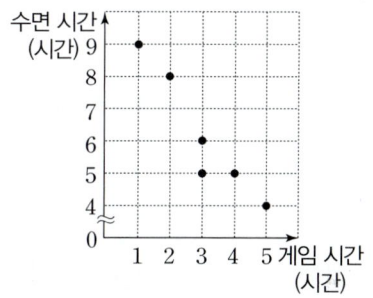

97 답 해설 참조

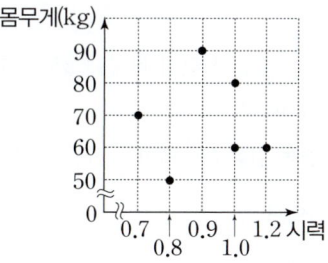

98 답 3명

산점도에서 1차 쪽지 시험 점수가 7점 이상인 학생 수는 3명이다.

99 답 1명

산점도에서 2차 쪽지 시험 점수가 5점 이하인 학생 수는 1명이다.

100 답 7점

산점도에서 2차 쪽지 시험 점수의 평균을 구하면

$$\frac{5+6+7+7+8+9}{6}=\frac{42}{6}=7(\text{점})$$

101 답 2점

산점도에서 1차 쪽지 시험 점수와 2차 쪽지 시험 점수의 차를 왼쪽부터 구하면 1, 2, 0, 1, 1, 0이므로 점수 차가 가장 큰 것은 2점이다.

102 답 50 %

산점도에서 1차 쪽지 시험 점수보다 2차 쪽지 시험 점수가 더 높은 것은 그림의 직선보다 위에 있는 점이므로 3개이다.

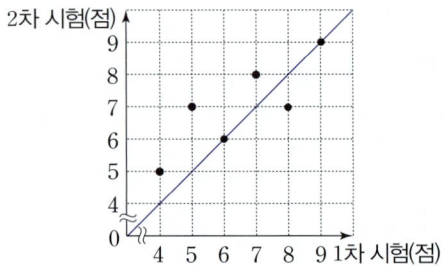

따라서 1차 쪽지 시험 점수보다 2차 쪽지 시험 점수가 높은 학생은 전체의 $\frac{3}{6} \times 100 = 50\,(\%)$이다.

103 답 1명

산점도에서 가족 간의 대화 시간이 하루에 30분 이상인 사람 수는 1명이다.

104 답 2명

산점도에서 스마트폰 사용 시간이 하루에 90분 미만인 사람 수는 2명이다.

105 답 50 %

산점도에서 스마트폰 사용 시간이 하루에 2시간(120분) 이상인 사람 수는 3명이다.
따라서 스마트폰 중독 위험군에 속하는 사람은 전체의 $\frac{3}{6} \times 100 = 50\,(\%)$이다.

106 답 1) 상관 2) 산점도

107 답 ㄱ, ㄴ, ㄷ

x의 값이 증가함에 따라 y의 값도 대체로 증가하는 관계는 ㄱ, ㄴ, ㄷ이다.

108 답 ㄹ, ㅅ

x의 값이 증가함에 따라 y의 값은 대체로 감소하는 관계는 ㄹ, ㅅ이다.

109 답 ㅁ, ㅂ

x의 값이 증가함에 따라 y의 값이 증가하는지 감소하는지 분명하지 않은 경우는 ㅁ, ㅂ이다.

110 답 ㄷ

머리둘레의 길이를 x, 영어 성적을 y라 하면 x의 값이 증가함에 따라 y의 값이 증가하는지 감소하는지 분명하지 않으므로 상관관계가 없는 ㄷ이다.

111 답 ㄴ

물건의 생산량을 x, 가격을 y라 하면 x의 값이 증가함에 따라 y의 값은 대체로 감소하는 관계이므로 ㄴ이다.

112 답 ㄱ

물건의 할인율을 x, 판매량을 y라 하면 x의 값이 증가함에 따라 y의 값도 대체로 증가하는 관계이므로 ㄱ이다.

113 답 ㄱ

통학 시간을 x, 통학 거리를 y라 하면 x의 값이 증가함에 따라 y의 값도 대체로 증가하는 관계이므로 ㄱ이다.

114 답 ×

수학 성적을 x, 가방의 부피를 y라 하면 x의 값이 증가함에 따라 y의 값이 증가하는지 감소하는지 분명하지 않으므로 보기의 그림으로 나타낼 수 없다. (거짓)

115 답 ×

쌀 생산량을 x, 쌀값을 y라 하면 x의 값이 증가함에 따라 y의 값은 대체로 감소하는 관계이므로 ㄷ이다. (거짓)

116 답 ○

ㄴ이 ㄱ보다 한 직선 주위에 가까이 몰려 있으므로 ㄴ이 ㄱ보다 더 강한 양의 상관관계를 나타낸다. (참)

117 답 ○

겨울철 기온을 x, 난방비를 y라 하면 x의 값이 증가함에 따라 y의 값은 대체로 감소하는 관계이므로 ㄷ이다. (참)

118 답 해설 참조

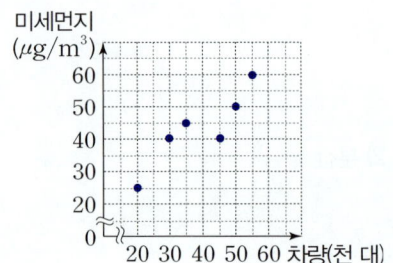

119 답 양의 상관관계

산점도를 보면 오른쪽 위로 향하고 있으므로 양의 상관관계임을 알 수 있다.

120 답 높아진다.

차량 대수가 늘어날수록 미세먼지 농도도 높아진다.

121 답 1) 상관관계 2) 양, 음, 없다

---

01 답 ③

변량을 작은 값부터 크기순으로 나열하면 3, 4, 5, x, y이고, 변량의 개수가 5로 홀수이므로 중앙에 있는 5가 중앙값이다.

이때, 평균, 중앙값, 최빈값이 모두 같다고 하므로 평균과 최빈값도 각각 5이다.

한편, 최빈값이 5이려면 변량 5의 도수가 2 이상이어야 하므로 $x=5$이어야 한다.

즉, (평균)$=\dfrac{3+4+5+x+y}{5}=5$에서

$\dfrac{3+4+5+5+y}{5}=5$, $17+y=25$ ∴ $y=8$

∴ $y-x=8-5=3$

02 답 ⑤

① 주어진 자료 2, 4, 6, 7, 7, 7, 20의 개수는 7이고, 중앙값은 네 번째 자료인 7이다. (참)

② 주어진 자료에서 도수가 가장 큰 것은 7이다. (참)

③ 주어진 자료에서 도수가 가장 큰 7이 최빈값이므로 중앙값과 같다. (참)

④ (평균)$=\dfrac{2+4+6+7+7+7+20}{7}=\dfrac{53}{7}$ (참)

⑤ 주어진 자료에서 극단적으로 큰 값 20이 존재하므로 평균은 대푯값으로 적당하지 않다. (거짓)

03 답 ③

주어진 변량이 2, 7, 8, x, 4, 4이고 평균이 5이므로

$\dfrac{2+7+8+x+4+4}{6}=5$에서 $25+x=30$

∴ $x=5$

04 답 ②

4회의 수학 점수를 x점이라 하고, 1회부터 4회까지의 평균을 구하면

$\dfrac{84+96+88+x}{4}=\dfrac{268+x}{4}$

1회부터 4회까지의 평균이 90점이어야 하므로

$\dfrac{268+x}{4}=90$에서 $268+x=360$

∴ $x=92$

따라서 1회부터 4회까지의 수학 점수의 평균이 90점이기 위해서는 4회에 92점을 받아야 한다.

05 답 ⑤

① 변량들이 흩어져 있는 정도를 하나의 수로 나타낸 것은 산포도이다. (거짓)

② 자료가 대푯값 주변에 밀집되어 있으면 산포도는 작다. (거짓)

③ 편차는 변량에서 평균을 뺀 것이다. (거짓)

④ 편차의 총합은 항상 0이다. (거짓)

⑤ 편차의 절댓값이 작을수록 평균에 가까이 있고, 절댓값이 클수록 평균에서 멀리 있다. (참)

06 답 ④

편차의 총합은 항상 0이므로

$3+(-2)+x+(-5)+4+(-1)=0$에서

$x-1=0$

∴ $x=1$

07 답 6

윤희의 편차를 x라 하면 편차의 총합은 0이므로

$(-2)+0+x+4+(-3)=0$에서

$x-1=0$

∴ $x=1$

이때, 분산은 편차의 제곱의 평균이므로

(분산)$=\dfrac{(-2)^2+0^2+1^2+4^2+(-3)^2}{5}$

$=\dfrac{4+0+1+16+9}{5}=\dfrac{30}{5}=6$

08 답 ④

5개의 변량 13, 9, x, 7, 10의 평균이 10이므로

$\dfrac{13+9+x+7+10}{5}=10$에서 $\dfrac{39+x}{5}=10$

$39+x=50$ ∴ $x=11$

즉, 5개의 변량 13, 9, 11, 7, 10의 분산을 구하면

$\dfrac{(13-10)^2+(9-10)^2+(11-10)^2+(7-10)^2+(10-10)^2}{5}$

$=\dfrac{9+1+1+9+0}{5}=\dfrac{20}{5}=4$

09 답 ②

표준편차는 자료가 고르게 분포되어 있을수록 작으므로

$a<c<b$

[다른 풀이]

정우의 평균은 $\dfrac{7+7+7+7+7}{5}=\dfrac{35}{5}=7$

현진이의 평균은 $\dfrac{5+6+7+8+9}{5}=\dfrac{35}{5}=7$

지연이의 평균은 $\dfrac{8+6+6+6+9}{5}=\dfrac{35}{5}=7$

이므로

정우의 분산은

$\dfrac{(7-7)^2+(7-7)^2+(7-7)^2+(7-7)^2+(7-7)^2}{5}$

$=\dfrac{0}{5}=0$

현진이의 분산은

$\dfrac{(5-7)^2+(6-7)^2+(7-7)^2+(8-7)^2+(9-7)^2}{5}$

$=\dfrac{4+1+0+1+4}{5}=\dfrac{10}{5}=2$

지연이의 분산은

$\dfrac{(8-7)^2+(6-7)^2+(6-7)^2+(6-7)^2+(9-7)^2}{5}$

$=\dfrac{1+1+1+1+4}{5}=\dfrac{8}{5}$

따라서 정우, 현진, 지연이의 표준편차는 각각

$a=0$, $b=\sqrt{2}$, $c=\sqrt{\dfrac{8}{5}}$ 이므로 $a<c<b$이다.

10 답 ①

자료의 각 변량 a, b, c의 총합이 18이므로

$a+b+c=18$ ··· ㉠

변량 a, b, c의 평균을 구하면

$\dfrac{a+b+c}{3}=\dfrac{18}{3}=6$

또, 변량 a, b, c의 제곱의 총합이 126이므로

$a^2+b^2+c^2=126$ ··· ㉡

즉, 주어진 자료의 분산을 구하면

$\dfrac{(a-6)^2+(b-6)^2+(c-6)^2}{3}$

$=\dfrac{a^2-12a+36+b^2-12b+36+c^2-12c+36}{3}$

$=\dfrac{(a^2+b^2+c^2)-12(a+b+c)+108}{3}$

$=\dfrac{126-12\times18+108}{3}$ ($\because$ ㉠, ㉡)$=\dfrac{18}{3}=6$

따라서 주어진 자료의 표준편차는 $\sqrt{6}$이다.

11 답 ⑤

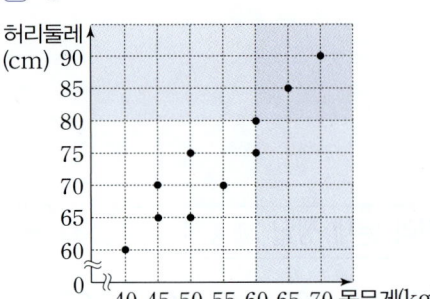

주어진 산점도에서 허리둘레가 80 cm 이상이고, 몸무게가 60 kg 이상인 사람은 3명이다. 따라서 조건을 만족시키는 사람은 전체의 $\dfrac{3}{10}\times100=30\,(\%)$이다.

12 답 ⑤

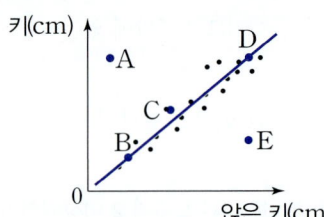

주어진 산점도에서 키에 비하여 앉은 키가 큰 학생은 그려진 직선의 아래에 위치한 점 중 가장 아래에 있는 점 E이다.

13 답 ②

양의 상관관계에 있는 산점도는 ①, ②이다.

이 중 강한 양의 상관관계를 나타내는 것은 점들이 오른쪽 위로 향하는 직선에 더 가까운 ②이다.

14 답 ⑤

ㄱ. 예금액과 이자 : 양의 상관관계

ㄴ. 키와 영어 성적 : 상관관계가 없다.

ㄷ. 난방비와 기온 : 음의 상관관계

ㄹ. 하루의 낮의 길이와 밤의 길이 : 음의 상관관계

ㅁ. 소비와 저축 : 음의 상관관계

이때, 주어진 산점도는 음의 상관관계를 나타내므로 ㄷ, ㄹ, ㅁ이다.

반드시 기억시킨다!!
보카 레슨

중등

시리즈 구성

★ Level ① 800개 단어, 40일 완성
★ Level ② 900개 단어, 45일 완성
★ Level ③ 1000개 단어, 50일 완성

＊중등 필수 단어를 반드시 기억시키는 3-Step 학습

1 STEP 의미의 연상력으로 기억하자!!
- Relation Memory

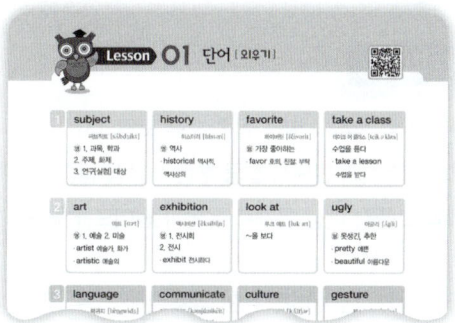

2 STEP 재미있는 스토리로 기억하자!!
- Story Memory

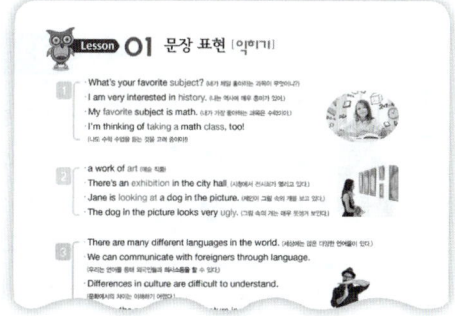

3 STEP 쉽고 다양한 유형의 테스트로 기억하자!!
- Test Memory

＊일대일 단어
Review Test

＊독해력 기초를 쌓는
표현&예문 Review Test

＊놓치는 단어란 없다!
Weekly Test

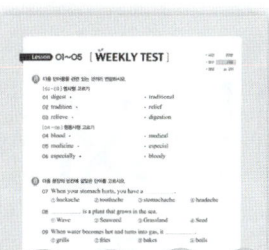

★ 영어 선생님을 위한 특별한 교과자료 ★
• 문제출제마법사 CD수록   • 문제 한글 파일 제공

재미있는 공부, 야무진 실력 향상
자이스토리 중등 영어

[중1 / 중2 / 중3]

영문법 총정리

- 쉬운 개념 이해, 다양한 서술형 문제로 문법이 저절로 암기!
- 어렵게 느껴지는 문법 개념을 쉽게 이해시키고 확인하는 Check-up Test
- Review Test와 단원 종합 문제를 통한 학교 시험 기출 유형과 주관식 서술형 문제 훈련
- 익힌 문법 개념을 다시 한 번 집중 연습하는 대단원 총정리 문제와 Workbook

[중1 / 중2 / 중3 / 예비 고1]

듣기 총정리 모의고사

- 영어 발음에 대한 집중 학습 – 발음 집중 훈련 모의고사
- 출제 유형의 철저한 분석과 반복적 집중 훈련 – 유형 집중 훈련 모의고사
- 최신 기출 문제와 고품격 예상 문제로 유형과 난이도 연습 – 기출+실전 모의고사, 실전 모의고사
- 듣기 100점을 방해하는 잘 틀리는 유형 집중 훈련 – 잘 틀리는 유형 모의고사
- 어려운 표현과 긴 대본, 빠른 속도 문제 집중 훈련 – 고난도 모의고사
- 예비 고1을 위한 수능 맛보기 – 수능 유형 훈련 모의고사

[Level 1 / Level 2 / Level 3]

영어 독해 완성

- 학교시험, 학력평가, 학업성취도평가의 출제 유형과 원리 반영
- 기본부터 고난도까지 단계별로 독해 실력을 높여주는 문제 구성
- 실용문부터 학술적 내용까지 읽고 직접 문장을 만들어 보는 서술형 문제
- 중등 교과서 문법과 어휘 복습을 위한 Grammar Points & Words Review 수록

 memo

memo

학교 시험 유형 훈련과 단계별로 서술형 문제 완성!!

자이스토리 중등 수학

QR코드를 통한
생생한 개념 강의와
전문항 동영상 강의 수록

2022 개정 교육과정 적용 출시!!

* 2022 개정교육과정에 꼭 맞춘 자이스토리

자이스토리와 함께 하면 수학 실력이 하루하루 달라지는 놀라운 경험을 하실 수 있습니다.

[자이스토리 중등 수학 시리즈]
중등 수학 1-1, 1-2
중등 수학 2-1, 2-2
중등 수학 3-1, 3-2

01 개념 다지기 + 개념 확인 문제

- 각 단원에서 꼭 알아야 하는 개념을 촘촘히 분류해 이해하기 쉽게 설명하였습니다.
- 개념 확인 문제를 풀어보며 개념을 다시 한 번 점검할 수 있습니다.

02 학교 시험 유형 익히기

- 학교 시험에 출제되는 모든 유형을 정확히 파악할 수 있습니다.
- 최대 유형 훈련으로 개념을 확장시켜 문제를 쉽게 풀 수 있어 수학 실력이 쑥쑥 오릅니다.

03 서술형 다지기

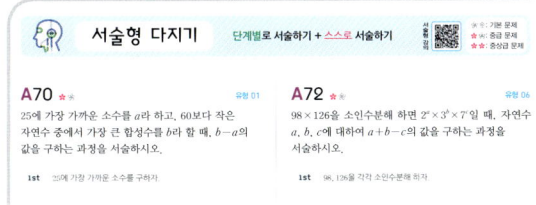

- 어려워 하는 서술형 문제를 단계별로 익힐 수 있습니다.
- 스스로 서술하는 연습을 충분히 하면 학교 시험 서술형 문제가 쉽게 느껴질 것입니다.

04 고난도 도전 문제

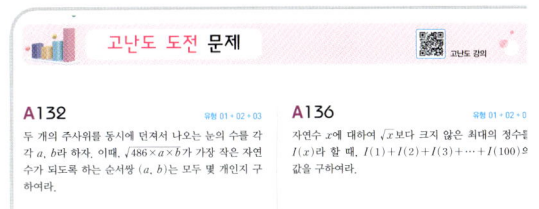

- 여러 개념이 복합된 고난도 문제의 접근 방법을 배우고 익힙니다.
- 수학적 사고력을 확장시켜 학교 시험에서 100점을 받을 수 있습니다.

판매량 1위, 만족도 1위, 추천도서 1위!!

쉬운 개념 이해와 정확한 연산력을 키운다!!

★ 수력충전이 꼭 필요한 학생들

- 계산력이 약해서 시험에서 실수가 잦은 학생
- 개념 이해가 어려워 자신감이 없는 학생
- 부족한 단원을 빠르게 보충하려는 학생
- 스스로 원리를 터득하기 원하는 학생
- 수학의 전체적인 흐름을 잡기 원하는 학생
- 선행 학습을 하고 싶은 학생

① 쉬운 개념 이해와 다양한 문제의 풀이를 따라가면서 수학의 연산 원리를 이해하는 교재!!

② 매일매일 반복하는 연산학습으로 기본 개념을 자연스럽고 완벽하게 이해하는 교재!!

③ 단원별, 유형별 다양한 문제 접근 방법으로 부족한 부분의 문제를 집중 학습할 수 있는 교재!!

★ 수력충전 시리즈

초등 수력충전 [기본]

초등 수학 1-1, 2 / 초등 수학 2-1, 2
초등 수학 3-1, 2 / 초등 수학 4-1, 2
초등 수학 5-1, 2 / 초등 수학 6-1, 2

중등 수력충전

중등 수학 1-1, 2
중등 수학 2-1, 2
중등 수학 3-1, 2

고등 수력충전

공통수학1, 공통수학2
대수 / 미적분Ⅰ / 확률과 통계

중등 수학을 심플하고 쉽게 공부한다!

중등 수학 2(상), 2(하) / 중등 수학 3(상), 3(하)

수학을 쉽고 재미있게
잘 하는 비법은 있는 걸까?

심플 자이스토리로 개념을 쉽게
이해하고, 연산 훈련을 하면서
문제 유형을 익히면 되지!

1 개념 정리 + 개념 연습

이 책에서는 개념을 짧고 강렬하게 정리하였습니다.
또, 중요한 개념은 [   ]에 알맞은 말 넣기, 헷갈리기 쉬운 것은
○, × 문제의 형태로 출제하여 개념강화를 위한 가장
기초적인 문제를 수록하였습니다.

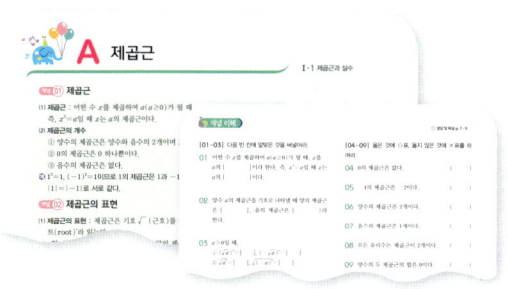

2 개념 연산 훈련

수학은 특히 기초가 튼튼해야 합니다. 튼튼한 기초 위에
실력이 쑥쑥 자라도록 연산 능력을 극대화할 수 있게 쉬운
연산 문제를 구성하였습니다.

3 개념 필수 유형 잡기

이 코너에서는 자주 나오는 유형을 분류하여 유형에 대한
적응력을 높이고, 수학을 쉽게 할 수 있는 방법을 제시하였습니다.

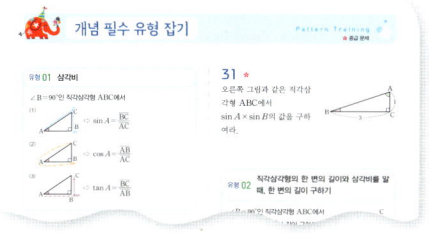

4 내신 대비 연습 문제 + 대단원 총정리 문제

학교 시험에서 자주 나오는 유형들로 구성된 연습 문제와
대단원 총정리를 통해 실전에 적용할 수 있는 실력을 키울 수
있습니다.

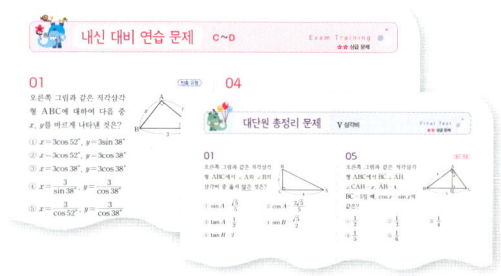

학교 시험 일등급을 위한 중등 수학 고품격 유형서!

어려운 수학 문제를 엄선하여 쉽고 단기간에 총정리하는 명품 문제집입니다!

1 개념이 쉽게 이해되는 꿀팁과 개념 필수 문제로 수학 완성

수학 개념을 이해하기 쉽게 다양한 예로 정리하였고,
꿀팁으로 개념을 좀 더 재미있게 공부할 수 있도록 하였습니다.
개념에 문제를 적용시켜 개념+유형을 한꺼번에 총정리하고,
또 수학적 사고력을 키울 수 있도록 구성하였습니다.

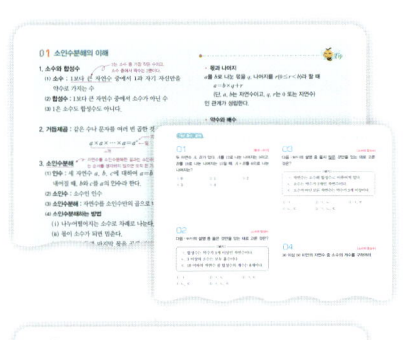

2 수학 상위권 도달을 위한 고난도 도전 문제 집중 훈련

복잡하기만 한 문제가 아닌 폭넓게 생각하고, 종합적으로 판단하여
해법에 도달할 수 있는 고품격 서술형 문제와 고난도 도전 문제를
엄선하여 수록하였습니다. 한 문제 한 문제 고민하고, 차근차근
풀어가면 수학 실력이 한층 깊어지는 매력을 경험할 수 있을 것입니다.

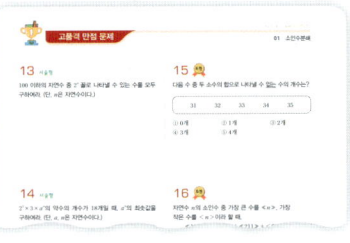

3 대단원 개념을 총정리하여 상위 1%에 도달

대단원별로 종합적인 사고력을 측정하는 문제로 구성하였습니다.
소단원별 문제를 통합하여 한번에 풀어 가면 대단원별 개념을 충실히
이해할 수 있어 학교 시험 만점에 도달할 수 있을 것입니다.

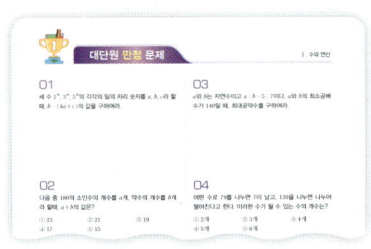